얘들아, 안녕

세계 어린이들이 들려주는 가족 이야기

★ 이 책은 이렇게 보세요.

1. 이 책에는 특별한 순서가 없어요. 여러분이 여행하고 싶은 나라부터 보아도 좋고 아무 곳이나 펼쳐서 보아도 좋지요. 찾고 싶은 나라가 있을 때는 114쪽을 보세요. 이 책에 실린 나라들을 가나다순으로 정리해 놓았어요.

2. 편지의 첫 번째 줄에 큰 글씨로 쓰인 말은 "안녕!"이라는 각 나라의 인사말이에요. 세계 여러 나라의 인사말을 익혀 보세요.

3. 대한민국 편은 여러분이 마음대로 꾸밀 수 있는 공간이에요. 여러분의 가족과 우리나라를 직접 소개해 보세요.

얘들아, 안녕

세계 어린이들이 들려주는 가족 이야기

우버 오메르 사진
소피 퓌로, 피에르 베르부 글 · 장석훈 옮김

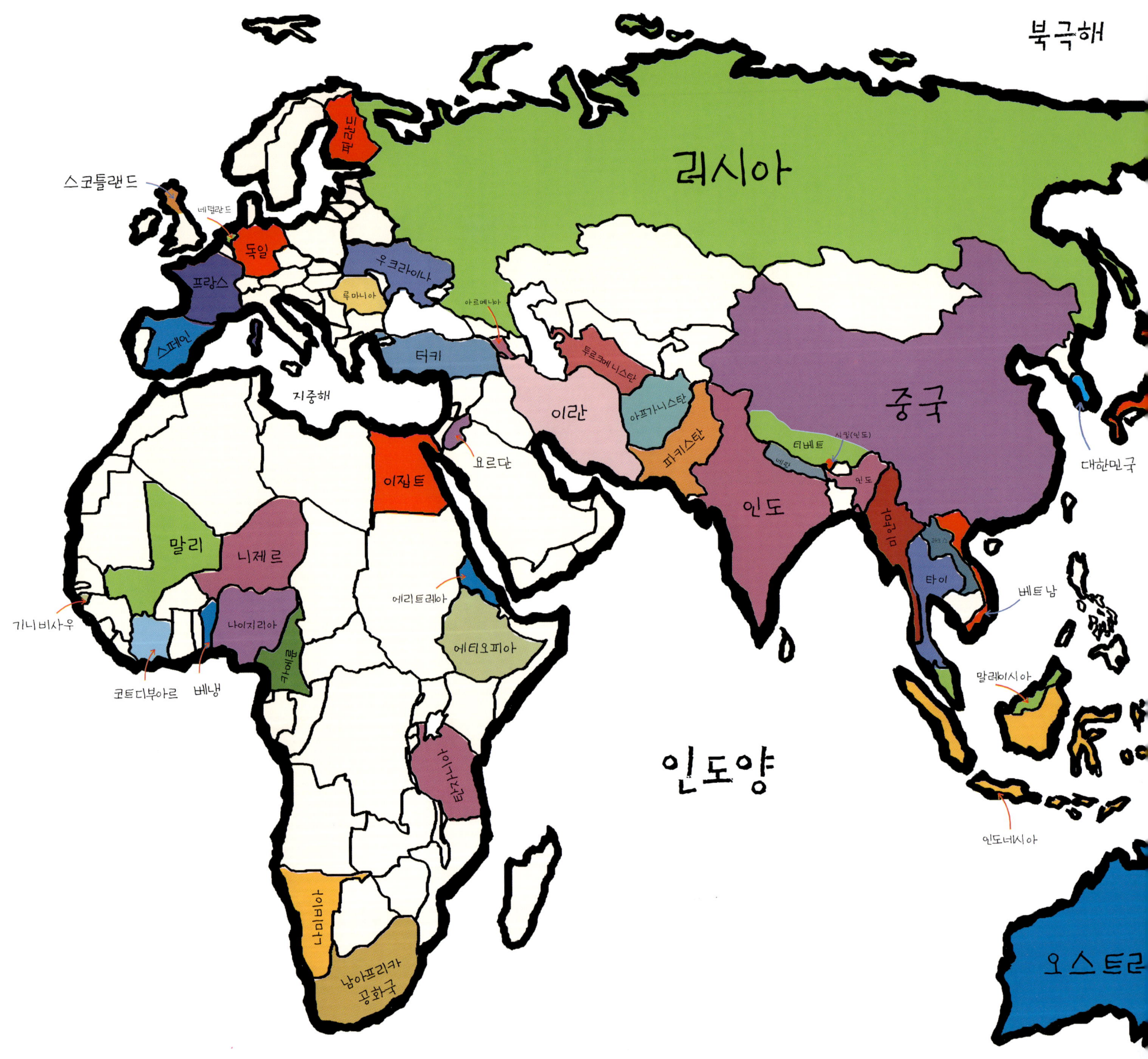

★ 이 책에 실린 나라들을 세계 지도에서 찾아보세요.

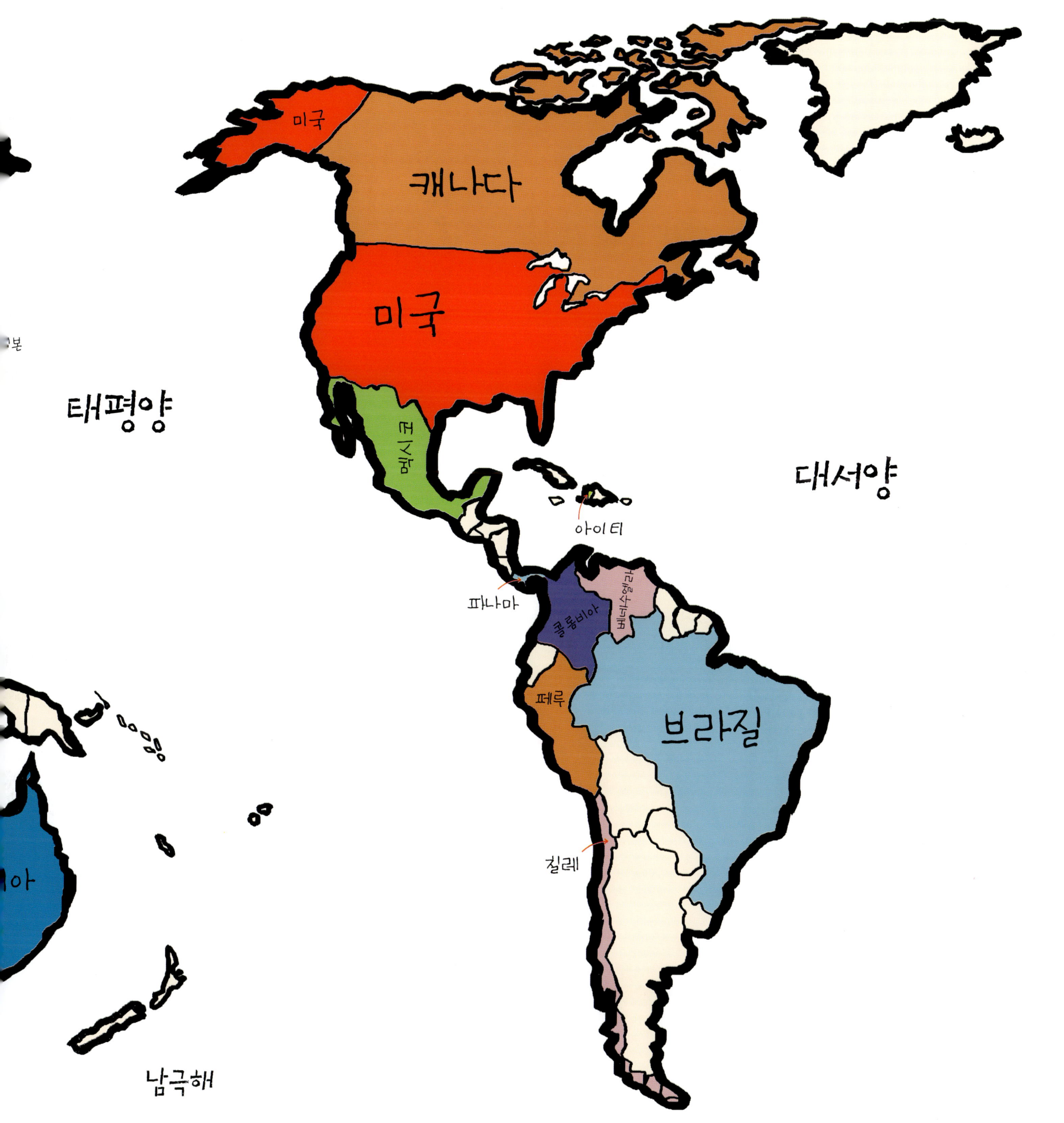

아프리카

말리
수도: 바마코

내가 사는 곳: 반디아가라 절벽

면적: 1,248,574㎢
인구: 12,324,000명
종족: 만딩고족(50%), 풀라니족(17%), 볼타익족(12%), 송가이족(6%), 투아레그족, 도곤족
종교: 이슬람교(90%), 토착 신앙
언어: 프랑스어(공용어), 밤바라어(80%), 그 밖의 여러 부족 언어
통화: 세파프랑
기후 및 자연환경: 아프리카에서 세 번째로 긴 강인 니제르 강이 서쪽에서 동쪽으로 흐른다. 북부에는 식물도 자라지 않고 물도 구하기 어려운 사하라 사막이 있다. 중부에는 초원이 있고 남부에는 숲이 우거져 있다.
천연 및 농산 자원: 보크사이트, 철, 망간, 암염, 인산염, 다이아몬드, 석회석, 금, 옥수수, 수수, 쌀, 목화, 땅콩

내 이름은 세쿠야 (9살)

우리는 암소를 타고 사냥을 나가기도 해.

" 아가 푸!

조금 있으면 반디아가라 절벽 너머로 해가 질 거야. 그러면 우리 마을의 이야기꾼 이드리사 아저씨가 커다란 나무 아래서 우리 도곤족 조상들 이야기를 들려주실 거야. 예로부터 도곤족은 침략자에 맞서 싸워 온 용맹한 부족이야. 우주를 창조한 신 안마 이야기, 우주의 지배자가 되려다가 벌을 받아 은빛 여우로 변한 야르그 이야기도 빼놓을 수 없지. 저녁 때마다 우리는 넋을 잃고 이드리사 아저씨의 이야기에 빠져 들어.

오른쪽 사진 속에서 우리 가족이 있는 곳은 토구나라고 부르는 나무 오두막이야. 사람들은 중요한 일을 의논하고 싶을 때 토구나에 모여. 토구나는 지붕이 참 낮아. 사람들이 차분히 이야기할 수 있도록 그렇게 지은 거야. 사람들은 화나면 벌떡벌떡 일어서잖아. 하지만 토구나에서 그랬다간 천장에 머리를 쾅 부딪히고 말걸. 어때, 우리 도곤족은 정말 현명한 사람들이지?

우리 마을 족장님은 집에서 한 발짝도 나오지 않아. 대신 다른 사람이 족장님의 말씀을 마을 사람들에게 알려. 바로 우리 아빠가 그 일을 하시지. 그래서 아빠가 이야기를 하면 마을 사람들 모두 귀를 쫑긋 세우고 열심히 들어.

학교 공부가 끝나면 나는 밭에 가서 식구들을 도와. 우리 집은 조, 수수, 양파 등을 재배해. 양 몇 마리도 키우고. 여기는 물이 부족해. 강은 거의 일 년 내내 말라 있지. 그래서 농사 짓기가 힘들어. 그나마 우리 마을에는 작은 저수지가 있어서 곡식을 재배할 수 있는 거야.

여기는 아주 더워. 지금도 태양이 토구나를 뜨겁게 달구고 있어. 아, 해가 빨리 졌으면! 그러면 이 더위도 한풀 꺾일 텐데 말이야. "

아시아

수도: 네피도
미얀마

내가 사는 곳:
무앙(타이)

면적: 676,577㎢
인구: 47,758,000명
종족: 버마족(68%), 샨족, 카렌족, 카친족, 친족, 몬족, 인도인, 중국인
종교: 불교(89%), 개신교, 가톨릭교, 토착 신앙
언어: 버마어(공용어), 소수 민족들마다 각기 쓰는 부족 언어
통화: 차트
기후 및 자연환경: 열대계절풍의 영향으로 여름, 우기, 겨울의 세 계절로 나뉜다. 겨울은 한국의 가을 날씨와 비슷하다. 북부는 험준한 산악 지대이다.
천연 및 농산 자원: 석유, 납, 아연, 주석, 텅스텐, 석탄, 철, 목재, 쌀, 밀, 옥수수, 조

나는 마다야 (10살)

" 밍글라바!

이렇게 길고 멋진 목은 처음 봤지? 나처럼 목에 금빛 고리를 두르는 것은 우리 파동족 여자들만의 전통이야. 나는 다섯 살 때부터 목과 종아리에 고리를 걸고 다녔어. 지금은 이 년마다 고리를 바꾸어야 하지만 나중에 다 자라면 바꾸지 않고 계속 목에 두르고 다니게 될 거야. 그때가 되면 난 진정한 여자가 된 거니까 결혼도 할 수 있어.

우리 엄마의 고리는 무게가 8킬로그램이나 돼. 파동족 여자들이 왜 그렇게 무거운 고리를 달고 다니느냐고? 아주 옛날에 파동족 마을 근처에 무서운 호랑이가 살았대. 그래서 우리 부족 여자들은 호랑이에게 잡아먹히지 않으려고 목에 금으로 된 고리를 달았지. 호랑이가 목을 콱 물었다가 이빨이 우두둑 부러져 버리게 말이야. 그때부터 목에 고리를 다는 것이 우리의 전통이 되었고, 고리를 많이 달수록 아름다운 여자로 여겨지게 된 거야.

예전에 우리 부족은 미얀마에 살았지만 지금은 타이의 무앙에 살아. 무앙은 말레이시아와 타이의 국경 근처에 있는 밀림 속에 있어. 하지만 우리는 여전히 미얀마 사람이야.

해마다 수많은 관광객들이 우리를 보러 와. 다른 사람들 눈에는 우리가 아주 신기해 보이나 봐. 우리 마을에 들어오려면 돈을 내야 해. 우리 부족은 그 돈으로 먹고살아. 우리는 관광객들에게 기념품을 팔고 우리 사진을 찍게 해 주지. 낯선 사람들이 끊임없이 왔다 갔다 하는 게 싫을 때도 가끔 있어. 사람들의 호기심 가득한 시선이 우리가 달고 있는 고리보다 더 무겁게 느껴지기도 해. 그래도 나는 내가 파동족의 여자라서 행복해. 우리 전통이 사라지지 않고 계속 이어졌으면 좋겠어. "

우리 집 앞은 마을 친구들로 언제나 북적대. 이 집은 대나무로 만들었어.

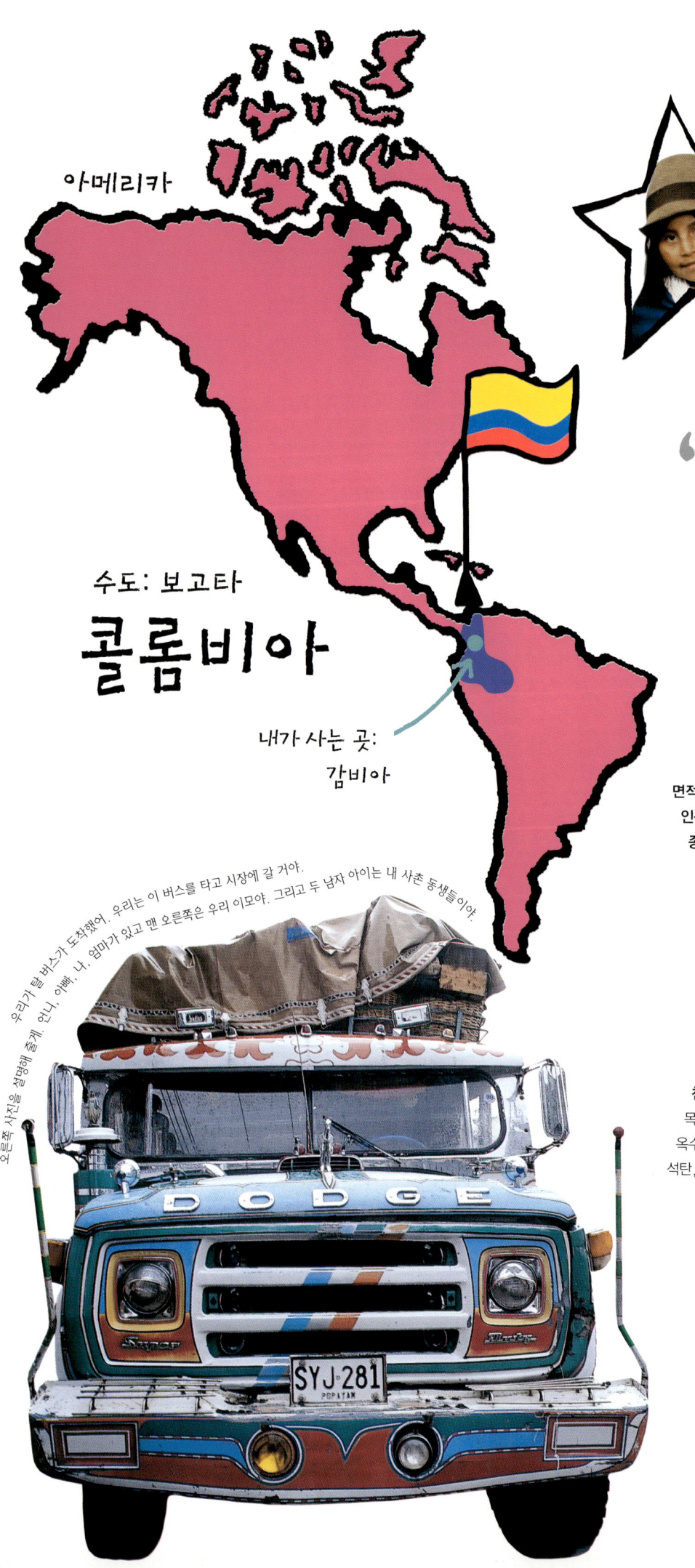

아메리카

수도: 보고타
콜롬비아

내가 사는 곳: 감비아

오른쪽 사진을 설명해 줄게. 우리가 탈 버스가 도착했어. 언니, 아빠, 나, 엄마가 있고 맨 오른쪽은 우리 이모야. 그리고 두 남자 아이는 내 사촌 동생들이야. 우리는 이 버스를 타고 시장에 갈 거야.

나는 이사벨이야 (10살)

" 부에노스 디아스!

인디언과 인디오는 어떻게 다르게? 인디언은 북아메리카의 원주민이고 인디오는 중앙아메리카와 남아메리카의 원주민이야. 나는 인디오 중에서도 감비아노 인디오야. 콜롬비아의 감비아에 산다고 해서 감비아노 인디오라고 해.

우리 마을에 오고 싶으면 화요일에 와. 화요일마다 시장이 열리거든. 우리 가족은 화요일이면 아침 일찍 장에 가. 손으로 짜서 만든 옷을 걸치고 야채와 과일 꾸러미를 들고서 길을 나서지. 우리는 트럭을 개조한 버스에 타. 치바라고 불리는 이 버스는 커다란 장난감처럼 재미있게 생겼어. 치바는 좁은 길을 이리저리 잘도 달리지. 버스 안은 늘 사람들로 꽉 차. 그래서 짐은 버스 지붕 위에 올려놔. 가끔 사람들이 지붕 위에 타고 갈 때도 있어. 내 사촌 동생 안토니오는 강아지를 웃옷 속에 몰래 숨기고 버스에 타. 사람들이 강아지를 지붕 위에 실을까 봐 그러는 거래.

우리 집은 농사를 지어. 이곳 산악 지역에는 비가 많이 내려서 채소가 아주 잘 자라. 우리는 양모 짜는 일도 해. 감비아노 인디오들이 모두 그렇듯이 말이야. 엄마와 언니가 양모를 짜면 우리는 그것으로 스카프, 숄, 치마 등을 만들어. 우리가 만드는 치마는 아주 두꺼워. 여기는 해발 2,600미터나 되기 때문에 꽤 쌀쌀하거든. 참, 감비아노 인디오는 남자들도 치마를 입는단다.

우리는 학교에서 셈도 배우고 스페인어와 감비아노어도 배워. 나는 감비아노어로 말할 수 있어서 참 기뻐. 우리 감비아노 인디오들은 콜롬비아 전체에서 12,000명밖에 안 돼. 하지만 콜롬비아에 사는 여러 인디오 부족들 중에서 우리만큼 전통을 많이 간직한 부족은 없지. 나는 사람들에게 우리 전통을 알리고 싶어. "

면적: 1,141,568㎢
인구: 44,442,000명
종족: 메스티소(58%), 스페인계 백인(20%), 물라토(14%), 흑인, 삼보, 인디오
종교: 가톨릭교
언어: 스페인어, 감비아노어
통화: 콜롬비아 페소
기후 및 자연환경: 폭이 450㎞에 달하는 안데스 산맥이 길게 뻗어 있다. 남부에는 아마존 밀림이 있다.
천연 및 농산 자원: 커피, 목화, 사탕수수, 바나나, 옥수수, 금, 은, 철, 석탄, 석유

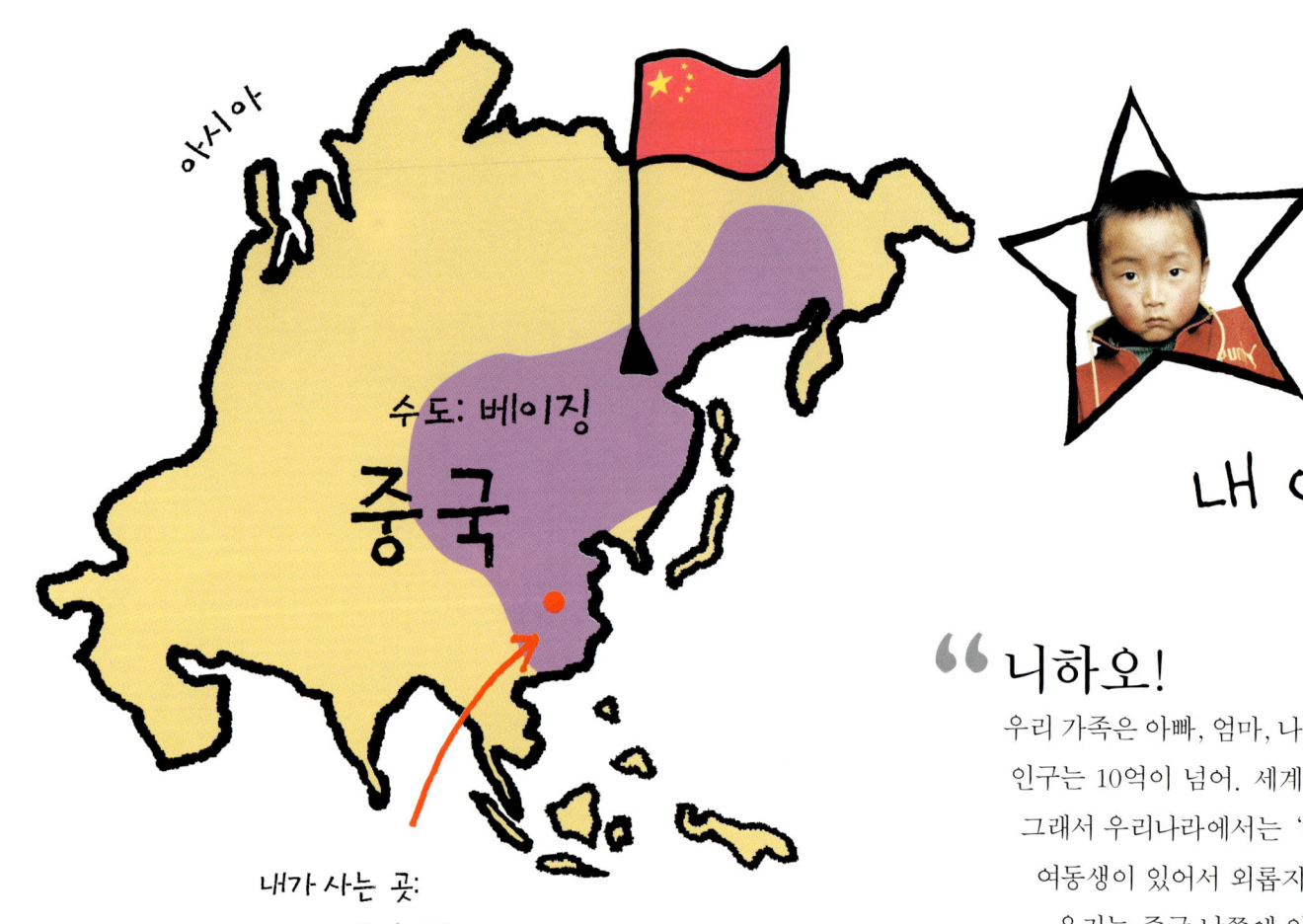

아시아

수도: 베이징

중국

내가 사는 곳:
구이저우

내 이름은 왕이야 (5살)

면적: 9,572,900㎢
인구: 1,324,681,000명
중국의 인구는 세계 인구의 5분의 1이 넘는다.
종족: 한족(92%), 장족, 회족, 위글족, 조선족 55개 소수 민족
종교: 도교, 불교, 그리스도교, 이슬람교
언어: 중국어, 그 밖의 소수 민족 언어
통화: 위안
기후 및 자연환경: 서쪽은 매우 건조하고 동쪽은 온화한 기후이다. 티베트가 있는 남부는 거대한 산악 지대이고 북부는 드넓은 평야 지대이다.
천연 및 농산 자원: 석탄, 석유, 철, 밀, 쌀, 목화, 차

" 니하오!

우리 가족은 아빠, 엄마, 나 그리고 내 여동생 이렇게 네 명뿐이지만 우리나라의 인구는 10억이 넘어. 세계에서 사람이 가장 많이 사는 나라가 바로 중국이야. 그래서 우리나라에서는 '한 집에 한 아이 갖기' 운동을 벌여. 나한테는 다행히 여동생이 있어서 외롭지 않아. 좀 울보이긴 하지만 말이야.

우리는 중국 남쪽에 있는 고원 지대인 구이저우라는 곳에 살아. 여기는 중국에서 가장 가난한 곳이래. 산이 많아서 개발되지 못해서 그래. 그나마 우리 집은 논을 조금 가지고 있어서 먹을거리가 항상 있어. 논에서는 벼가 자라지. 벼는 물을 좋아해서 논에는 항상 물을 많이 대야 해. 논에 가면 내 장화는 진흙으로 지저분해져. 하지만 넓게 펼쳐진 논에 고인 물은 꼭 거울 같아. 그 물에 하늘과 구름이 비치는 모습은 정말 아름다워.

지금 우리 옆에는 식탁으로도 쓰이는 커다란 화로에서 찻물이 보글보글 끓고 있어. 우리 중국 사람들은 하루에 몇 번이나 차를 마셔. 녹차, 홍차, 흑차, 적차……. 온갖 차들이 다 있어. 끓는 물에 찻잎 몇 개만 띄우면 준비 끝!

조금 이따가 나는 우리에 있는 동물들이랑 이야기하러 갈 거야. 나는 돼지, 닭, 오리가 좋아. 우리 농사일을 도와주는 힘센 물소도 좋고. 하지만 중국의 옛날이야기와 전설에 나오는 기린, 봉황, 뿔 달린 용을 훨씬 더 좋아해. "

중국에는 자전거처럼 페달을 밟아 움직이는 택시가 있어. 우리는 이것을 시클로라고 불러.

내 이름은 무카마야 (15살)

"코라!

나를 만나고 싶니? 그러면 나미비아 북쪽의 건조한 초원으로 오렴. 그곳에서 비포장 길을 따라 한참을 달리면 내가 사는 오푸오가 나와. 온통 가시덤불과 자갈로 뒤덮인 여기는 세상에서 가장 외진 곳이라 할 수 있지. 이곳에는 코끼리, 얼룩말, 코뿔소, 눈이 여섯 개 달린 게거미가 살지. 우리나라에는 열한 개가 넘는 부족이 있어. 나는 그중에서 힘바족 사람이지. 우리 아빠에겐 부인이 네 명 있어. 나는 아빠의 여섯 아이들 중 맏이야.

이 마을은 수천 년 동안 변한 게 하나도 없어. 우리가 이런 피부색을 가지게 된 것도 오랜 전통 때문이야. 힘바족 사람들은 붉은 돌을 빻아 만든 가루에 양의 기름을 넣어 반죽해서 몸에 발라. 그러면 햇볕과 모기로부터 피부를 보호할 수 있거든. 나도 아침마다 이 반죽을 몸과 머리에 바르지.

힘바족 여자들은 가슴을 내놓고 다녀. 물론 나도 그래. 서양의 선교사들이 와서 우리를 개종시키고 옷을 입히려고 애쓰기도 했어. 하지만 나는 우리 전통 옷차림이 좋아. 내가 가장 아끼는 옷은 조개껍데기를 엮은 줄로 장식한 양가죽 치마야. 나는 멋 부리기를 좋아해. 그래서 가죽과 조개껍데기로 만든 목걸이도 하고 발목과 무릎과 팔에 고리 장식도 했어. 게다가 나는 머리 모양에도 신경을 많이 쓴단다. 오늘은 머리를 땋아 올려서 두 개의 작은 뿔 모양으로 만들었어. 나, 정말 예쁘지?

어, 양과 염소들이 울고 있네. 나를 부르는 거야. 우리는 가축들을 귀하게 여기지. 이제 가축들을 돌보러 가야겠어."

면적: 824,116㎢
인구: 2,089,000명
종족: 오밤보족(50%), 카방고족과 헤레로족 등 11개 부족, 백인, 혼혈인
종교: 개신교, 토착 신앙
언어: 영어(공용어), 아프리칸스어, 독일어
통화: 나미비아 달러
기후 및 자연환경: 국토의 대부분이 사막과 초원으로 건조하고 서늘한 기후이다. 중부는 해발 2,000m 이내의 고원 지대이다.
천연 및 농산 자원: 다이아몬드, 우라늄, 수수, 땅콩

마을 아이들이 우리 집 염소 우리 앞에서 놀고 있어.
오른쪽 사진에 있는 사람들은 아빠와 아빠의 네 명의 부인 그리고 나와 내 동생들이야.

아시아

수도: 뉴델리

인도

내가 사는 곳: 보니야왈라

내 이름은 랄리타야 (9살)

면적: 3,166,414㎢
인구: 1,147,996,000명
종족: 인도아리아족(72%), 드라비디아족(25%), 몽고족
종교: 힌두교(80.5%), 이슬람교(13.4%), 그리스도교
언어: 상용어는 영어이고, 힌디어를 비롯한 14개 언어가 공용어로 인정된다.
통화: 루피
기후 및 자연환경: 열대계절풍의 영향을 받아 세 계절로 뚜렷하게 나뉜다. 3월에서 5월까지는 무덥고 건조하며 5월과 9월 사이에는 많은 비가 내린다. 10월에 시작하는 겨울은 매우 건조하다.
천연 및 농산 자원: 쌀, 밀, 차, 목화, 철, 망간, 석탄

" 나마스테!

나는 지금 식구들과 보리수나무 그늘에 있어. 꽃무늬 옷을 입고 수레 위에 앉아 웃고 있는 여자아이가 나야.

여기는 인도 북부의 라자스탄이라는 곳이야. 라자스탄이란 '신들이 사는 곳'이라는 뜻이지. 이곳에는 드넓은 타르 사막이 있어. 나는 라자스탄에서도 보니야왈라라고 하는 작은 마을에 살아. 옛날에 인도의 왕들이 코끼리를 타고 우리 마을에서 호랑이 사냥을 다녔대.

우리 엄마와 언니의 이마에 붉은 점이 보이지? 인도 여자들은 결혼할 나이가 되거나 결혼하면 빈디라고 하는 붉은 점을 찍게 돼. 하지만 우리 할머니의 이마에는 붉은 점이 없어. 할머니는 과부이기 때문이야. 남편이 없는 여자는 빈디를 찍지 않아. 나는 아직 아홉 살밖에 안 됐으니까 빈디를 찍으려면 조금 더 기다려야 해.

우리 집 여자들이 입은 옷은 인도의 전통 의상인 사리야. 고추처럼 새빨갛고 사프란 꽃처럼 샛노랗지? 여자들은 오색으로 반짝이는 목걸이와 팔찌도 하고 다녀. 하지만 남자들은 그다지 멋을 부리지 않아. 봐, 우리 오빠와 아빠는 그냥 하얀 옷만 입고 있잖아.

지금 우리 가족은 하루 종일 밭에서 일하다 돌아오는 길이야. 부모님은 야채와 쌀을 재배해서 생계를 꾸려 나가셔. 학교에 가지 않는 날에는 나도 농사일을 거들어. 사진 속의 낙타는 우리 집의 부지런한 일꾼이야. 우리를 밭으로 데려다 주기도 하고 거둔 것을 나르기도 하지. 나는 아침에 일어나면 낙타에게 신선한 물을 가져다줘. 그게 내 일이야. "

인도의 암리차르에 있는 황금 사원이야.
오른쪽 사진에서 왼쪽부터 아빠, 엄마, 작은언니, 나, 할머니, 오빠, 큰언니.

16

유럽

러시아

수도: 모스크바

내가 사는 곳: 볼고그라드

나는 크세니아야 (6살)

'러시아의 어머니'라고 하는 유명한 조각상이야. 1943년 나치 독일에 승리한 것을 기념하여 만들어졌어. 높이가 72미터나 되지.

면적: 17,075,400㎢
인구: 141,841,000명
종족: 러시아인(79.8%), 타타르인(3.8%), 우크라이나인(2%), 그 밖의 100여 개의 소수 민족
종교: 러시아 정교회, 이슬람교, 그리스도교
언어: 러시아어, 소수 민족들의 언어 및 방언
통화: 루블
기후 및 자연환경: 기후와 자연환경에 따라 크게 두 지역으로 나뉜다. 북부의 시베리아는 아주 추운 대륙성 기후를 나타낸다. 유럽쪽 지역에서 남부는 비옥한 흑토 지역이고 북부는 대초원과 숲이 펼쳐져 있다.
천연 및 농산 자원: 석유, 석탄, 천연가스, 목재, 곡류, 해바라기 씨, 사탕무

" **즈드랍스트부이체!**

오늘은 일요일이라서 나는 증조할아버지와 증조할머니가 수박 파는 것을 도와 드릴 거야. 두 분은 이웃 농부들이 재배한 수박을 시장에 가져다가 파셔. 무거운 수박을 나르는 일은 내 몫이야. 나는 물건 파는 일이 좋아. 그래서 증조할아버지와 증조할머니를 도와 드리면서 장사하는 법을 배우려고 해.

우리가 사는 곳은 볼고그라드야. 옛날에는 스탈린그라드라고 불렸대. 나는 볼고그라드라는 이름이 더 좋아. 스탈린그라드보다 더 예쁘게 발음되잖아. 제2차 세계 대전 때 이곳에서 우리 러시아가 나치 독일에 맞서 큰 승리를 거두었어. 그때 스무 살이었던 증조할아버지도 그 전투에 참가하셨는데 지금도 아주 자랑스러워하시지.

볼고그라드에는 유럽에서 가장 긴 강인 볼가 강이 흘러. 언젠가 볼가 강을 따라 배를 타고 여행하는 것이 내 꿈이야. 강을 따라 펼쳐진 전나무 숲과 우랄 산맥 그리고 교회의 둥근 지붕을 상상해 봐. 정말 멋질 것 같지 않아?

저녁이 되면 할아버지는 러시아식 통나무 별장인 다차에서 내게 옛날이야기를 들려주셔. 할아버지 서재에는 책이 아주 많아. 책 표지에는 푸시킨, 톨스토이, 도스토옙스키 같은 러시아 대작가들의 이름이 적혀 있어. 난 그 이름만 봐도 가슴이 마구 뛴단다. "

아프리카

수도: 아스마라

에리트레아

내가 사는 곳: 마사와

내 이름은 하미드야 (15살)

" 살람!

에리트레아라는 이름을 들어 봤니? 내가 사는 이곳 에리트레아는 홍해의 남쪽에 있는 작은 나라야. 에리트레아에는 산이 많아서 '아프리카의 뿔'이라고 불리기도 해. 이곳에는 고대 문명의 흔적이 남아 있어. 그중에는 기원전 1,000년 경에 만들어진 것도 있지.

나는 라샤이다족이야. 우리 조상들은 약 100년 전에 사우디아라비아에서 이곳으로 왔어. 에리트레아에는 우리처럼 이슬람교도인 베다족과 아파르족이 살고 그리스 정교회를 믿는 티그레족도 살아. 우리 부족 여자는 다섯 살 때부터 부르카라고 하는 베일을 쓰고 다녀야 해. 부르카를 쓰면 얼굴 아랫부분이 보이지 않게 되지.

홍해 저편에서 온 우리 조상들처럼 우리도 가축과 함께 옮겨 다니며 사는 유목민이야. 하지만 가축을 기르는 보통 유목민과는 달리 우리 가족은 장사를 해서 먹고살아. 장이 열리는 곳을 따라다니면서 동부 아프리카에서 가장 좋은 단봉낙타를 팔지. 지금 우리는 해안가의 큰 도시인 마사와에 있어.

우리나라는 이웃나라인 에티오피아의 지배를 받다가 삼십 년 동안 전쟁을 치른 끝에 1993년에 독립했어. 그 바람에 나라가 많이 황폐해졌어. 그래서 우리는 열심히 일해야 해. 예전에 에리트레아는 오랫동안 이탈리아의 식민지이기도 했어. 그래서 이탈리아의 흔적이 아직도 많이 남아 있지. 우리나라의 수도인 아스마라는 마치 1930년대 이탈리아의 어느 작은 도시 같아. 그래서 에리트레아는 모험가와 시인들이 즐겨 찾는 곳이야. "

면적: 121,100㎢
인구: 5,028,000명
종족: 티그리냐족(50%), 티그레 및 쿠나마족(40%), 아파르족(4%)
종교: 이슬람교, 에리트레아 정교
언어: 티그리냐어, 아랍어
통화: 나크파
기후 및 자연환경: 중부의 고원 지대는 온난한 기후이고, 서부의 저지대는 아주 덥다. 홍해와 접해 있으며 남부에는 다나킬 사막이 펼쳐져 있다.
천연 및 농산 자원: 사탕수수, 콩, 석유, 금, 아연

여긴 단봉낙타 시장이 아니라 땔감을 사고파는 곳이야. 우리나라는 땔감이 많이 부족해. 오른쪽 사진에서 맨 왼쪽은 우리 엄마고 아기를 안고 있는 분은 이모야. 그리고 이 애들은 다 내 동생들이지.

아메리카

수도: 브라질리아

브라질

내가 사는 곳: 브라질리아

면적: 8,514,877km²
인구: 187,163,000명
종족: 백인(53.7%), 혼혈인(38.5%), 흑인(6.2%)
종교: 가톨릭교(73.6%), 개신교, 토착 신앙
언어: 포르투갈어
통화: 레알
기후 및 자연환경: 모든 형태의 열대 기후를 보여 준다. 내륙은 해안 지역에 비해 매우 건조하고 덥다. 북서부에는 아마존 밀림이 펼쳐져 있다.
천연 및 농산 자원: 커피, 카카오, 사탕수수, 콩, 목화, 쌀, 석유, 석탄, 철

브라질의 공중전화 부스는 수다쟁이 앵무새 모양으로 생겼어.

나는 카밀라야 (4살)

" 봉 지아!

브라질은 세계에서 혼혈인이 가장 많은 나라야. 금발의 흑인 혼혈인, 파란 눈을 가진 갈색 인종, 인디오, 아프리카 흑인, 포르투갈계 백인, 독일계 백인 등이 있어. 미소 짓는 법과 몸매도 사람마다 다 달라.

브라질 사람들은 야외에서 많은 시간을 보내. 우리나라에는 따사로운 태양과 시원한 바다가 있어. 그리고 길이든 백사장이든 어디에서든 음악이 들리지.

브라질 사람들은 몸매를 가꾸느라 운동을 많이 해. 바다 가까이 사는 사람들은 특히 더 그래. 대서양과 접한 대도시 리우데자네이루에 한번 가 봐. 사람들이 백사장에서 축구나 배구를 하고 있을 거야. 물론 삼바를 추는 사람도 있겠지. 삼바는 지금으로부터 백 년 전 브라질에서 생겨난 춤이야. 해마다 2월에 카니발이라는 축제가 열리는데 이때 사람들은 음악에 맞춰 삼바를 추지. 화려한 옷차림을 하고 밤늦게까지 춤을 추며 행진하는 거야. 체육 선생님인 엄마가 요즘 내게 삼바를 가르쳐 주고 있어. 나는 세상 그 무엇을 준다 해도 삼바와는 바꾸지 않을 거야.

지금 우리 가족은 대서양과 가까운 레시페 지방에서 휴가를 보내고 있어. 우리 집은 여기서 1,000킬로미터 이상 떨어진 브라질의 수도 브라질리아에 있어. 브라질리아가 어떻게 만들어진 도시인지 아니? 옛날에 모든 브라질 사람들을 한곳에 모을 수도가 필요했대. 그래서 1960년에 브라질 한가운데에 있는 황량한 고원 지대에 브라질리아를 세웠대. 큰 도시를 뚝딱 만들어 내다니, 굉장하지?

우리 아빠는 군인이야. 그래서 우리 식구는 곧 이사를 가야 해. 뭐, 괜찮아. 브라질 방방곡곡에서 새로운 친구들을 만날 수 있으니까. "

22

아시아

수도: 테헤란
이란

내가 사는 곳: 테헤란

내 이름은 세디아야 (6살)

" 소브 베케르!

엄마와 언니들은 집 밖에서 길고 검은 베일인 차도르를 두르고 다녀. 나는 아직 일곱 살이 되지 않았으니까 차도르를 두르지 않아도 돼. 하지만 나도 엄마랑 언니들처럼 차도르를 두르는 게 좋아. 그리고 차도르를 두른다고 해서 예뻐 보이지 않는 건 아니야. 봐, 차도르 안에 이렇게 예쁜 옷도 입었는걸.

우리 조상들은 페르시아에서 왔어. 3세기에서 6세기 사이에 페르시아 제국은 지중해에서 인도까지 드넓은 땅을 가지고 있었대. 그때는 페르시아 제국이 세계에서 가장 크고 강한 나라였대. 로마 제국에 견줄 만큼.

1979년 이란에서는 이슬람교 지도자 호메이니를 중심으로 세계 최초의 이슬람 혁명이 일어났어. 그래서 원래 이란을 다스리던 왕이 물러나고 이란은 지금과 같은 이슬람 공화국이 되었지. 우리나라에서는 이슬람교 지도자가 대통령보다도 더 높은 사람이야.

나는 이란의 수도인 테헤란에 살아. 우리 집은 시장 근처에 있어. 며칠 후면 우리는 휴가를 갈 거야. 해마다 우리 가족은 이슬람교 성지인 마슈하드에서 휴가를 보내. 그곳에는 이슬람교를 창시한 예언자 마호메트의 여덟 제자 가운데 한 사람이었던 이맘 알리 레자의 무덤이 있어. 그래서 많은 순례자들이 그곳을 찾아 기도를 해. 우리 가족은 기차를 타고 갈 거야. 우리 아빠는 역장이거든.

언젠가 우리 가족은 페르시아 제국의 모든 유적과 아주 오래전에 아시아와 유럽을 오가는 상인들이 지나다닌 비단길을 둘러볼 거야. 아주 길고 긴 여행이 되겠지. **"**

면적: 1,628,750㎢
인구: 72,269,000명
종족: 페르시아인(51%), 아제르바이잔인(24%), 길락마잔다란인(8%), 쿠르드인(7%), 아랍인(3%), 투르크멘인(2%)
종교: 이슬람교(89%가 시아파이고 9%가 수니파), 유대교
언어: 페르시아어(공용어), 터키어, 쿠르드어
통화: 리알
기후 및 자연환경: 무더운 여름에는 대륙성의 건조한 기후를 보이고 겨울에만 비가 내린다. 연교차가 26℃에 이른다.
천연 및 농산 자원: 석유, 천연가스, 밀, 쌀, 사탕무, 보리, 모피

밤이라고 하는 도시야. 12세기에 점토로 지어진 이 성벽은 오랜 세월에도 끄떡없어.

아프리카

베냉
수도: 포르토노보

내가 사는 곳: 아보메

면적: 112,622㎢
인구: 8,295,000명
종족: 폰족, 요루바족, 바리바족, 아자족 등 42개 부족
종교: 토착 신앙(50%), 가톨릭교(30%), 이슬람교(20%)
언어: 프랑스어(공용어)와 요루바어, 폰어 등 기타 부족어
통화: 세파프랑
기후 및 자연환경: 남부는 덥고 습한 열대 우림 기후이며 북부는 우기와 건기가 뚜렷한 사바나 기후이다.
천연 및 농산 자원: 석유, 목화, 옥수수, 야자유

나는 발렌틴이야 (12살)

> **"오쿠!**
>
> 이곳은 내가 일하는 양복점이야. 베냉의 큰 도시들 중 하나인 아보메의 번화가에 있지. 우리 양복점의 재봉틀은 길 한가운데 놓여 있어. 행인, 장사꾼, 오토바이들이 오가니까 손님 끌기에는 그만이지. 우리의 낡은 유럽산 재봉틀 바늘이 작은 소리를 내며 움직이면 사람들이 구경하러 몰려들어.
>
> 그래, 나는 이미 직업이 있어. 드니스 아저씨네 양복점에서 일을 배우고 있지. 아저씨는 나를 아들처럼 대해 주셔. 이제 나는 줄자로 몸 길이를 재고 손님이 원하는 옷감을 자르고 재봉틀로 바느질할 줄 알아. 셔츠와 바지도 만들 수 있지. 하지만 아프리카 전통 의상인 부부는 아직 만들 줄 몰라. 사진 속에서 아줌마가 입고 있는 옷이 부부야. 부부를 입으면 누구나 멋쟁이가 되지.
>
> 얼마 되지 않지만 나는 일을 해서 돈도 벌어. 번 돈은 집에 가져다 드려. 우리 집은 형편이 넉넉지 않거든. 그래도 나는 학교에 꼬박꼬박 가. 내가 좋아하는 과목은 미술이야. 미술 시간만 되면 멋진 옷을 그리곤 해. 나는 커서 의상 디자이너가 될 거야.
>
> 나는 가톨릭교 신자야. 우리 식구들 모두 성당에 꼬박꼬박 나가고 성가대에서 노래도 해. 하지만 우리는 서부 아프리카 전통 종교인 부두교도 조금 믿어. 부두교는 무속과 가톨릭교 의식이 혼합된 종교야. 바로 여기 베냉에서 생겨났지. 나는 병든 여자를 치료하기 위한 부두교 의식에 가 본 적이 있어. 주술사가 그 여자에게 춤을 추게 한 뒤에 현관에서 닭을 제물로 바쳤어. 굉장히 놀라웠어.**"**

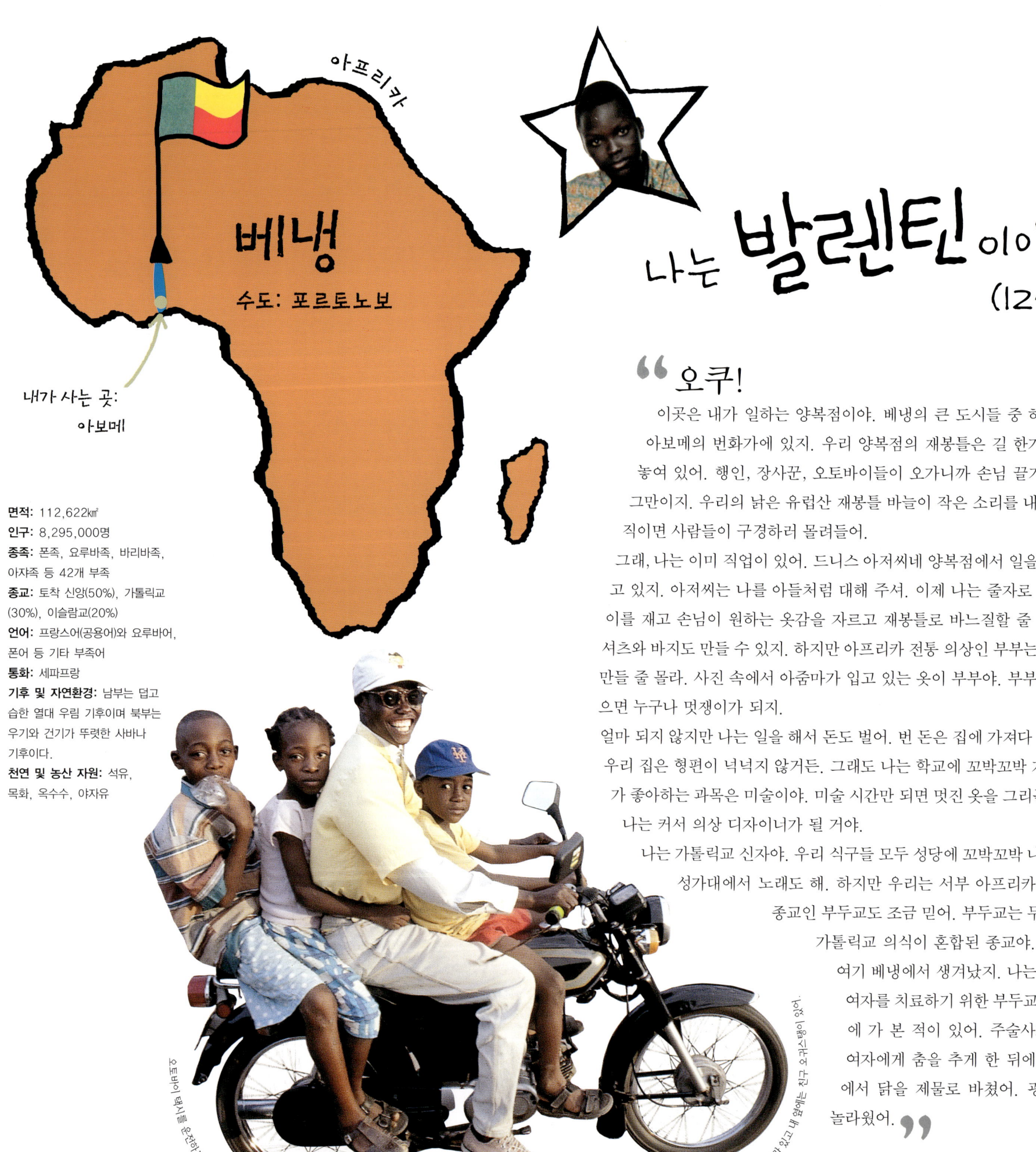

오토바이 택시를 운전하시는 마리우스 아저씨야. 우리는 이런 아저씨들을 제니잔이라고 부르는데 그것은 "나를 빨리 데려다 줘"라는 뜻이야. 오른쪽 사진 속의 사람들을 소개할게. 드니스 아저씨와 아저씨의 부인 유왈리 아줌마 그리고 그분들의 아기가 있고 내 옆에는 누나 줄리엔이야.

26

아시아

아프가니스탄
수도: 카불

내가 사는 곳: 퀘타(파키스탄)

면적: 645,807km²
인구: 28,266,000명
종족: 파슈툰족(42%), 타지크족(27%), 하자라족(9%), 우즈베크족(9%), 기타 소수 종족
종교: 이슬람교
언어: 파슈토어, 다리어, 터키어
통화: 아프가니
기후 및 자연환경: 히말라야 산맥이 이어져 있으며 산악과 고원 지대로 이루어져 있다. 겨울에는 비가 많이 내리고 여름에는 매우 건조하다.
천연 및 농산 자원: 밀이 주요 작물인 동시에 주식이다.

내 이름은 파질이야 (6살)

" **살람!**

2001년에 9·11테러가 일어나기 전에는 사람들이 아프가니스탄을 잘 몰랐어. 많은 사람들이 아프카니스탄은 테러리스트가 사는 무서운 나라라고 생각해. 하지만 그건 오해야. 사실은 얼마나 아름다운 나라인데. 나는 우리나라를 사랑하지만 한 번도 가 본 적이 없어. 왜냐하면 나는 국경 너머 파키스탄의 퀘타에 있는 난민 수용소에서 태어났거든.

우리 아빠는 열일곱 살 때 고향을 떠나셨대. 소련이 우리나라를 침략해서 전쟁이 일어났기 때문이야. 얼마 전에는 미국이 우리를 공격했어. 우리나라는 늘 전쟁 중인 것 같아. 아프가니스탄 사람들은 지난 이십 년 동안 한순간도 평화롭게 산 적이 없어.

이곳 난민 수용소는 건조하고 개발이 거의 되지 않은 지역에 있어. 수용소에는 마실 물이 없어. 그래서 나는 양동이에 가득 물을 길러 멀리 떨어진 우물에 하루에도 몇 번씩 가야 해. 우리 가족은 작은 오두막집에 살아. 아빠는 공사장에서 석공으로 일해서. 그리고 엄마는 집안일을 하셔. 아이들을 돌보고 청소를 하고 곡식을 빻고 밀가루를 반죽해서 빵을 만들고……. 이 사진에는 엄마가 없어. 왜냐하면 엄격한 이슬람교도인 아빠는 엄마가 외국인과 말하지 못하게 하시거든. 사진을 찍는 것은 더더욱 못하게 하시지.

언젠가 평화가 오면 나는 우리나라에 가고 싶어. 수도인 카불에 있는 시장에 가서 상인들의 외침, 자동차 경적 소리, 웃음소리, 새들의 노랫소리를 들을 테야. 그리고 내가 지금 들고 있는 연을 하늘 높이 훨훨 날리고 싶어. "

우리나라에 대한 나의 추억은 그곳에 사는 삼촌들이 보내 준 이 사진 한 장뿐이야. 오른쪽 사진에서 가운데 있는 어른이 우리 아빠고 다른 어른들은 우리 삼촌들이야.

28

유럽

우크라이나
수도: 키예프
내가 사는 곳: 보후슬라브

나는 바딤이야 (7살)

"**프리비에!**

야, 신 난다. 이번 방학은 보후슬라브에 있는 할아버지 댁에서 보내기로 했거든. 할아버지와 할머니께서 우리를 사이드카에 태우고 여기저기 구경시켜 주실 거야. 사이드카에 타면 손잡이를 꼭 붙들고 있어야 해.

가끔 우리는 흑해까지 소풍을 나가서 해수욕을 해. 우크라이나 남쪽의 크림 반도까지 갈 때도 있어. 그곳에는 우리 할아버지가 좋아하시는 작가인 투르게네프가 살던 성이 있거든. 그리고 우리는 할아버지 채소밭에도 가. 과일과 야채를 실어 나르는 데는 이 사이드카가 제격이야.

우크라이나는 땅이 기름져서 곡식이 아주 잘 자라. 그래서 '소련의 곡창 지대'라고 불린 적도 있대. 이게 무슨 소리냐고? 1922년에 러시아는 주변의 작고 힘없는 나라들을 강제로 합해서 소련 연방을 만들었어. 그때 우리나라도 소련의 일부였어. 하지만 1991년 소련 연방이 무너지면서 우크라이나는 어엿한 독립 국가가 되었지.

체르노빌 사건을 들어 봤니? 1986년에 우크라이나의 체르노빌에서 원자력 발전소가 폭발했어. 그 바람에 방사선 먼지가 공기 중에 퍼져서 우리나라와 다른 유럽 국가들의 수많은 사람들이 피해를 입었어. 정말 끔찍하지?

우크라이나의 수도인 키예프는 1,000년이나 된 도시야. 그래서 곳곳에 유적이 많아. 그중에서도 아름다운 성소피아 대성당이 가장 유명해.

이곳은 카자크족이 살던 땅이야. 카자크족은 용감무쌍한 전사들이었대. 할아버지의 사이드카에 타고 씽씽 달려야지. 나는 말을 타고 숲 속을 달리는 카자크족이다!"

면적: 603,628㎢
인구: 46,222,000명
종족: 우크라이나인(78%), 러시아인, 벨루로시인
종교: 우크라이나 정교회, 러시아 정교회, 가톨릭교
언어: 우크라이나어
통화: 그리브나
기후 및 자연환경: 북부는 겨울에 혹독하게 춥다. 흑해 연안과 남부는 온화한 기후이다. 대부분이 평지로 전 국토의 81%가 경작할 수 있는 지역이다.
천연 및 농산 자원: 철, 석탄, 석유, 천연가스, 밀, 보리

우리 집 옆에 있는 러시아 정교회의 예배당이야.

30

수도: 도도마
탄자니아
내가 사는 곳: 아루샤
아프리카

내 이름은 **컬렘바**야 (3살)

오른쪽 사진을 봐. 맨 왼쪽부터 엄마, 아빠, 아빠의 또 다른 부인, 그리고 우리 할머니야. 우리 할머니야. 할머니는 사진을 찍는다고 무척 좋아하셨어.

면적: 942,799㎢
인구: 40,213,000명
종족: 수쿠마족, 마사이족 등 120여 개의 부족
종교: 이슬람교(35%), 개신교(30%), 토착 신앙
언어: 스와힐리어(공용어), 영어, 반투어, 나일어
통화: 탄자니아 실링
기후 및 자연환경: 중부는 온화한 기후를 보이고 우기가 짧다. 북부에는 해발 5,895m에 달하는 거대한 화산인 킬리만자로 산이 자리 잡고 있다.
천연 및 농산 자원: 커피, 목화, 잎담배, 사탕수수, 다이아몬드

" **잠보!**

내가 어리다고 얕보지 마. 나는 다른 마사이족 사람들처럼 아주 용감하다고. 마사이족은 탄자니아뿐만 아니라 아프리카 전체에서 가장 용맹스러운 전사들이야.

예전에 마사이족 어린이는 혼자 초원에 가서 창으로 사자를 잡아야만 어른이 될 수 있었대. 하지만 요새는 간단한 의식만 치르면 되지.

열세 살이 되면 나는 할례를 하고 젊은 마사이족 전사인 모란느가 될 거야. 그때부터 나는 집에서 멀리 떨어진 숙소에서 또래의 남자 아이들과 함께 살아야 해. 거기서 적과 싸우는 법과 사냥하는 법을 배우고 창과 방패를 갖게 되지.

내가 열일곱 살이 되면 우리 부족의 족장님이 내게 무기를 주시면서 마을을 지키라는 임무를 맡기실 거야. 그러면 우리와 사이가 나쁜 부족이 우리 가축을 훔치려고 할 때 그들과 맞서 싸워야 해. 밤에 집 근처에 어슬렁대는 사자도 쫓아내야 하고. 십 년 동안 이렇게 용감하게 지내고 나면 나는 진짜 마사이족 전사가 되는 거지. 나는 흙과 소기름을 몸에 바르고 머리를 땋을 거야. 아빠처럼 새빨간 겉옷을 입고 다니면 멀리서도 나의 모습이 잘 보일 거야.

마사이족 남자는 서른 살이 되면 결혼할 수 있어. 가족을 먹여 살리기 위해서는 가축을 키워야 해. 우리는 우유와 소의 피를 마시지. 소의 똥을 말려서 집을 짓거나 불을 때는 데도 이용해. 그래서 우리 마사이족에게 튼튼한 암소는 무척 소중하지. 그런데 우리 암소를 잡아먹는 못된 사자들이 있어. 난 사자가 세상에서 제일 싫어. 나중에 꼭 사자를 쫓아가 잡고 말 거야. 산꼭대기에 일 년 내내 눈이 쌓여 있는, 아프리카에서 가장 높은 킬리만자로 산까지라도 쫓아갈 거야. "

32

오세아니아

내가 사는 곳: 캐서린

오스트레일리아

수도: 캔버라

나는 팀 이야 (7살)

> **그다이!**
>
> 우리 조상들의 땅 오스트레일리아에 온 것을 환영해. 우리의 조상의 조상들이 묻힌 오스트레일리아는 우리에게 아주 신성한 땅이야. 우리 오스트레일리아 원주민은 35,000년 전부터 이 땅에 살았어. 그런데 겨우 200년 전에 이곳에 온 유럽의 식민지 개척자들이 우리 조상들을 마구 죽여서 이 땅에서 쫓아내려고 했어. 하지만 어림없었지. 이 땅의 주인은 우린걸.
>
> 우리 아빠는 화가야. 오른쪽 사진에서 나무에 걸려 있는 그림은 아빠의 작품이야. 아빠는 나에게 그림으로 우리의 역사를 가르쳐 주셔. 아빠가 입고 있는 검은색, 빨간색, 노란색이 섞인 티셔츠는 우리 원주민을 나타내. "우리는 태양이 내리쬐는 붉은 대지에 사는 흑인들이다."라는 뜻이지.
>
> 우리 부족이 사는 캐서린은 오스트레일리아에서 가장 외진 곳이야. 우리 집 주위에는 오스트레일리아의 상징인 덤불숲이 있어. 덤불숲에 어떤 나무들이 있는지 아니? 아카시아와 유칼립투스가 가장 많아. 줄기 부분이 불룩하고 마치 거꾸로 심은 것처럼 생긴 바오밥 나무도 있고. 나는 바위에 앉아 말라서 속이 빈 커다란 나뭇가지를 가지고 놀아. 우리는 이런 나뭇가지를 디제리두라고 불러. 디제리두를 불면 예쁜 소리가 나. 캥거루들이 그 소리를 듣고 다가오기도 하지.
>
> 저녁이 되면 아빠는 우리 원주민의 전설을 들려주셔. 그 전설은 산과 바다와 사막이 생겨난 이야기 그리고 식물과 동물과 인간이 생겨난 이야기야. 우리 조상들은 샘과 바위의 모습으로 우리를 지켜보신대.

면적: 7,692,208㎢
인구: 21,338,000명(이 가운데 230,000명이 원주민이다.)
종족: 앵글로색슨계 백인, 아시아인, 호주 원주민
종교: 성공회, 가톨릭교
언어: 영어(공용어), 원주민 토속어
통화: 호주 달러
기후 및 자연환경: 중부는 돌과 모래로 이루어진 건조한 사막 지대이며 해안 지방은 기후가 온화하다.
천연 및 농산 자원: 철, 석탄, 보크사이트, 밀, 사탕수수, 양(세계에서 가장 많은 양을 보유하고 있다.)

길에서는 코알라가 우선이야. 그리고 악어를 조심해야 해. 오른쪽 사진 속에 있는 우리 가족은 엄마, 아빠, 형들, 누나들 그리고 나야.

34

아시아

수도: 방콕
타이

내가 사는 곳:
치앙마이

나는 **마헤야**야
(5살)

❝ 사와트 디!

우리 부족의 이름은 '천국의 새'야. 정말 특이하고 예쁜 이름이지? 이런 이름을 갖게 된 것은 우리 부족의 전통 의상 때문이야. 머리에 두르는 터번, 빨간색과 금색이 어우러진 주름치마, 등나무 고리로 장식된 저고리가 우리의 전통 의상인데 마치 새처럼 아름답거든.

우리 부족은 타이의 옛 이름인 시암에서 유래한 샨족에 속해. 시암 왕국의 수도인 수코타이는 밀림 속에 있는 아주 멋진 도시였대. 그때 만든 신전, 탑, 금 불상 등이 오늘날에도 남아 있어. 또 수코타이는 신성한 불교 순례지라서 오렌지색 승복을 입은 스님들을 많이 볼 수 있지.

우리 부족은 타이 북쪽 국경 근처의 치앙마이에서 살아. 이 곳은 울창한 밀림 속이야. 자동차와 상인들로 북적대는 타이의 수도 방콕과는 아주 멀리 떨어져 있지. 타이 남쪽의 해변에는 전 세계에서 많은 사람들이 와서 스킨 다이빙을 즐겨. 그에 비하면 여기에는 볼거리가 별로 없어.

우리는 대나무로 엮은 작은 집에 살아. 우리 집 바로 옆에는 코끼리 우리가 있어. 우리에게 코끼리는 아주 중요해. 밀림에서 벤 나무들을 코끼리의 도움을 받아 운반하거든. 우리 아빠는 차를 재배하시고 엄마는 시장에서 파인애플, 바나나, 돼지를 파셔. 그리고 할머니와 이모할머니들은 집안일을 하시지. 할머니들은 이를 까맣게 칠하셨어. 우리 부족은 까만 이가 아름답다고 생각해. 이상해 보인다고? 우리 눈에는 예쁘기만 한걸.

우리 형은 식구들과 함께 사진을 찍지 않았어. 형은 마을에 있는 불교 사원의 스님이거든. 전통에 따라 남자 아이들은 인생에서 적어도 두 번은 스님이 되어 사원에서 지내야 해. 이따금 밀림의 나뭇가지들 사이로 스님들이 찬불하는 소리가 들린단다. ❞

면적: 513,120㎢
인구: 64,316,000명
종족: 타이인(75%), 중국인(14%), 인도인, 말레이인
종교: 불교
언어: 타이어
통화: 바트
기후 및 자연환경: 열대계절풍으로 인해 5월과 10월 사이인 우기에는 매우 많은 비가 내린다.
천연 및 농산 자원: 갈탄, 천연가스, 목재, 쌀, 옥수수, 고무

나는 엄마와 함께 시장에 가서 과일을 내다 팔고 옷감을 사와.
오른쪽 사진 속 우리 가족을 소개할게. 맨 왼쪽에 부모님이 계시고 가운데에는
두 이모 그리고 그 옆에 할머니와 할아버지가 계셔.

아메리카

캐나다

수도: 오타와

내가 사는 곳: 토론토

사람들이 나이아가라 폭포의 장관을 보기 위해 노란 우비를 입고 폭포 아래로 내려가고 있어.

면적: 9,984,670㎢
인구: 33,213,000명
종족: 영국-아일랜드계(28%), 프랑스계(23%), 기타 유럽계(15%), 아메리칸 인디언, 아시아·아프리카·아랍계
종교: 가톨릭교, 개신교
언어: 영어(공용어), 프랑스어(공용어)
통화: 캐나다 달러
기후 및 자연환경: 남부의 온난한 기후부터 북부의 북극권 기후까지 매우 다양한 기후 분포를 보인다. 북극권은 캐나다 국토의 77%를 차지한다.
천연 및 농산 자원: 천연가스, 우라늄, 금, 밀, 보리, 귀리, 호밀, 옥수수, 담배, 낙농업

내 이름은 사라야
(10살)

" 헬로!

나는 지금 영어로 인사했어. 왜냐하면 나는 캐나다에서 영어를 사용하는 토론토에 사니까. 하지만 일 년 전이었다면 프랑스어로 인사했을 거야. 그때는 캐나다 동부의 퀘벡에 있는 작은 도시에 살고 있었거든. 퀘벡은 아메리카 대륙에서 유일하게 프랑스어를 사용하는 곳이야. 퀘벡은 16세기부터 18세기까지 프랑스의 식민지였거든.

이곳 사람들은 학교에 가거나 회사에 갈 때 자전거를 이용해. 우리 집에는 차가 없어. 보통 자전거를 타거나 사진에서 보듯 2인용 자전거를 타고 다녀. 세상 사람들이 모두 우리처럼 산다면 공해는 아마 거의 없어질 텐데.

우리는 주말마다 아빠가 온타리오 호수 근처에 지은 통나무 오두막집에 가. 때로는 오두막집과 가까운 나이아가라 폭포까지 가기도 하지. 천둥소리를 내며 50미터 높이에서 떨어지는 폭포는 정말 장관이야. 사람들은 그 모습을 더 가까이 보려고 비옷을 입고 물보라 한가운데로 들어가지.

하지만 나는 숲 속을 산책하는 것이 더 좋아. 가을이면 우리 식구는 붉게 물든 울창한 숲 속으로 산책을 나가. 그리고 겨울이 끝날 무렵에는 단풍나무에서 수액을 받아 시럽을 만들어. 이 시럽을 빵에 발라 먹으면 굉장히 맛있어.

우리 가족은 크리스마스를 막스 삼촌댁이 있는 로키 산맥에서 보내. 그곳에는 전나무 숲이 있고 산과 호수도 있어. 그리고 고라니, 코요테, 늑대, 비버, 곰이 살지. 나는 거기서 뛰노는 게 정말 좋아. 게다가 아직도 금이 나온대. 혹시 알아? 내가 엄청나게 많은 금을 발견하게 될지. **"**

38

아프리카

코트디부아르
수도: 야무수크로

내가 사는 곳: 토르티야

내 이름은 쿨리발리야
(7살)

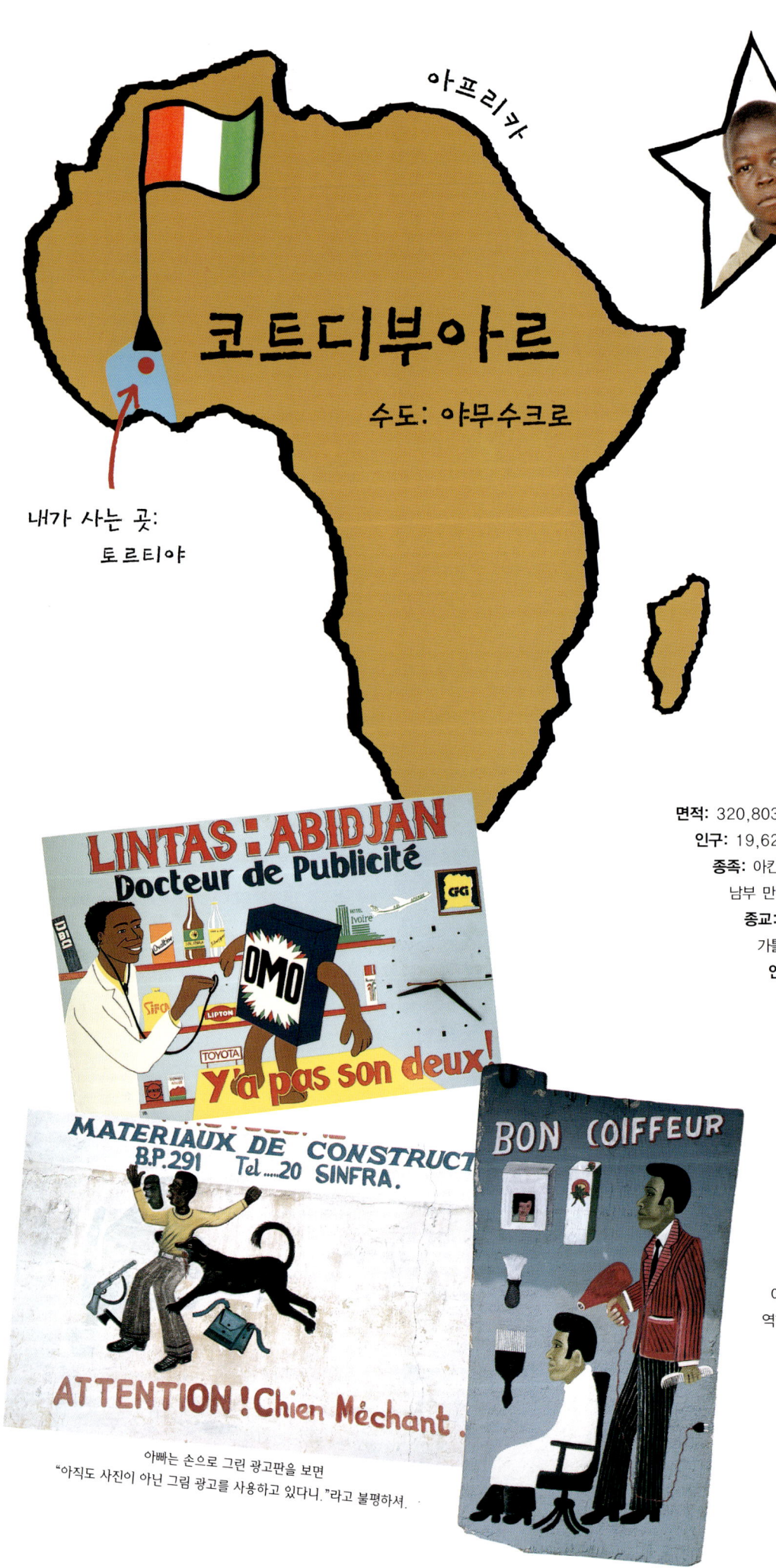

아빠는 손으로 그린 광고판을 보면
"아직도 사진이 아닌 그림 광고를 사용하고 있다니."라고 불평하셔.

> **엔유리!**
>
> 우리 아빠는 사진사야. 오른쪽 사진을 찍기 위해 아빠가 처음으로 다른 사진사 앞에 섰어. 사진사가 사진사를 찍다니 재미있지?
>
> 아빠는 우리 마을에서 가장 솜씨 좋은 사진사야. 언젠가는 내가 아빠의 일을 물려받을 거야. 나는 벌써 사진을 제법 찍을 줄 알아. 아빠가 사람들 증명사진을 찍을 때 내가 플래시를 들고 있기도 해.
>
> 내가 사는 토르티야에는 사람들이 많이 찾아와. 땅속에 다이아몬드가 묻혀 있기 때문이야. 예전만큼 다이아몬드가 많이 나지는 않지만 부자가 되고 싶은 사람들은 여전히 이곳에 오지. 그런 사람들을 보고 싶다고? 그럼 부 강으로 가 보렴. 남자들이 웃통도 벗은 채 땅을 뚫고 흙더미를 퍼내서 굴을 만들고 있을 거야. 그렇게 파낸 굴들은 아주 위험해. 잘못하면 무너지기 쉬워. 그래도 사람들은 다이아몬드를 찾으려고 그 위험한 굴 속으로 들어가곤 해. 다이아몬드를 찾아낸 사람들은 우리 아빠에게 와서 사진을 찍어. 기록을 남기려고 그러는 거래. 다이아몬드를 캐다가 큰 싸움을 벌이기도 해. 반짝반짝 빛나는 작은 돌멩이 하나 때문에 싸우다니 정말 웃기지? 하지만 늘 이렇게 소란스러운 것은 아니야. 아침 6시쯤, 사람들이 나타나기 전에 부 강에 가 봐. 강 위로 해가 떠오르면 하마들이 느릿느릿 하품하고 왜가리들 수천 마리가 날아오르지. 정말 아름다운 모습이야.

면적: 320,803㎢
인구: 19,624,000명
종족: 아칸족(17.2%), 구르족, 남부 만데이족, 크루족
종교: 토착 신앙(50%), 이슬람교, 가톨릭교
언어: 프랑스어(공용어), 그 밖의 60여 개의 토착어
통화: 세파프랑
기후 및 자연환경: 강을 따라 우림 지대가 형성되어 있고 북부는 군데군데 산림이 우거진 초원 지대이다.
천연 및 농산 자원: 금, 니켈, 망간, 다이아몬드, 코코아(세계 1위), 커피(세계 3위), 원목

* 야무수크로는 1983년 공식적 수도가 되었지만 옛 수도인 아비장이 아직도 수도 역할을 하고 있다.

아시아

수도: 쿠알라룸푸르

말레이시아

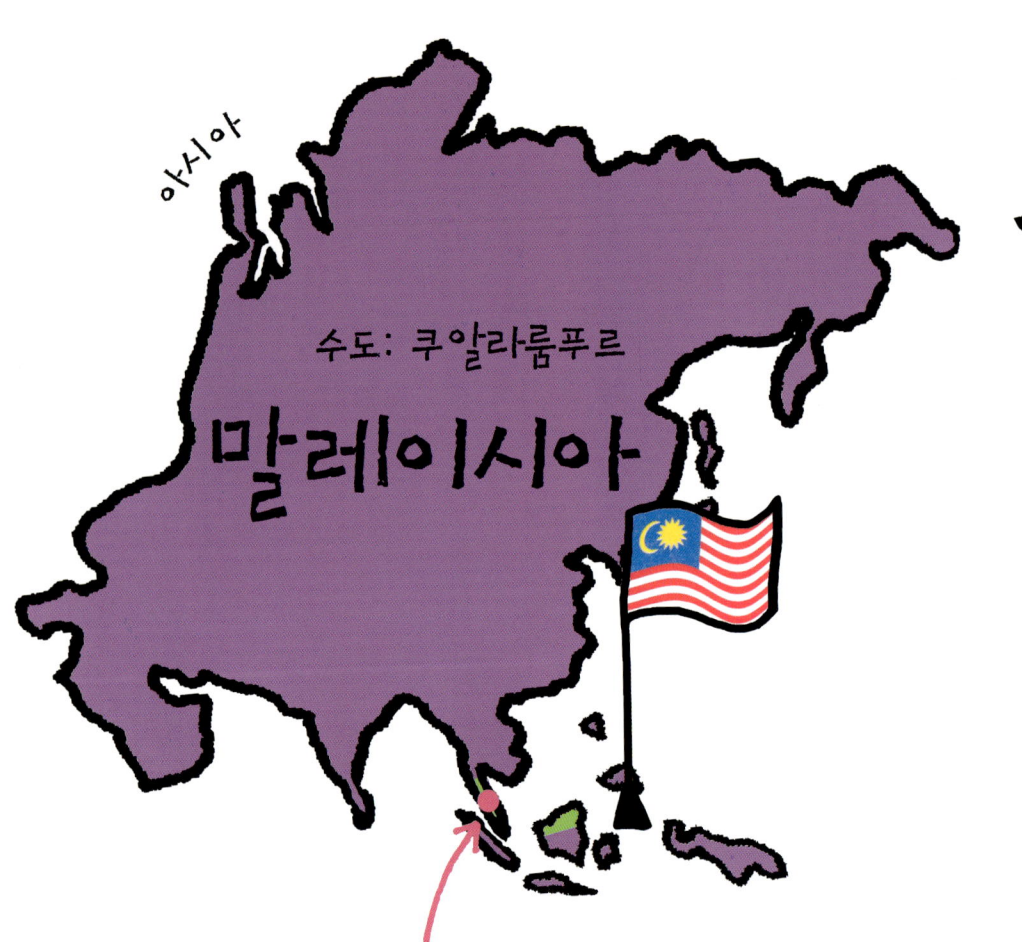

내가 사는 곳: 베세라

면적: 329,876㎢
인구: 27,027,000명
종족: 자쿤족, 세망족, 세노이족, 타밀족을 포함한 말레이인(50.4%), 중국인(23.7%), 인도인(7.1%)
종교: 이슬람교, 불교, 그리스도교, 힌두교
언어: 말레이어(공용어), 영어, 타밀어, 베이징어
통화: 링깃
기후 및 자연환경: 1년 내내 무덥고 비가 많이 내리는 전형적인 열대 우림 기후이다. 산악 지형이고 가장 높은 산은 해발 4,101m인 키나발루 산이다.
천연 및 농산 자원: 주석, 석유, 목재, 구리, 철, 후추, 고무

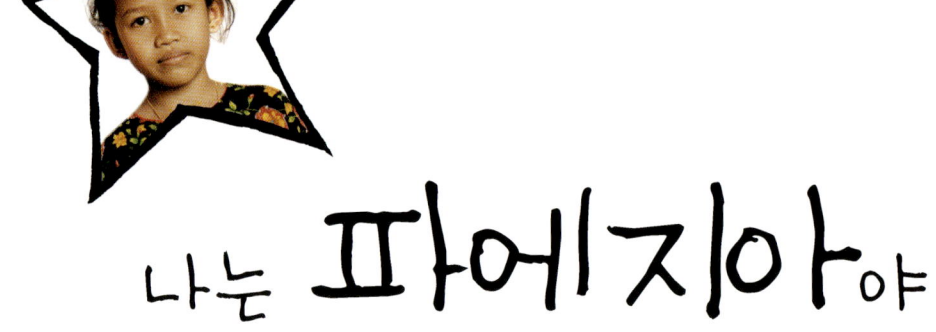

나는 파에지아야 (8살)

❝ **셀라마트 파기!**

우리 가족은 이 책을 만든 사진사 아저씨를 마을 골목길에서 만났어. 아저씨는 우리 가족을 찍고 싶다고 하셨어. 그런데 이곳 베세라에서는 바깥에서 사진을 찍지 않아. 그래서 우리는 다른 사람들의 눈을 피해 집 안으로 들어왔지.

우리는 독실한 이슬람교도라서 하루에 다섯 번 기도를 올려. 사촌 언니들과 이모는 푸르다라고 하는 베일을 항상 쓰고 다녀. 나도 좀 더 크면 머리에 푸르다를 써야 해. 사촌 오빠들은 머리에 작은 모자를 써. 하지만 모자는 기도할 때나 사진을 찍을 때처럼 큰일이 있을 때만 쓰지.

나는 이모가 선생님으로 계신 코란 학교에 다녀. 우리는 공부를 아주 중요하게 생각해. 나중에 커서 좋은 직업을 가지려면 열심히 공부해야 하니까. 곧 한 언니는 변호사가 되고 두 사촌 오빠들은 곧 교수가 돼. 한 오빠는 종교학 교수가 될 거고 다른 오빠는 아랍어 교수가 될 거야.

우리는 한 달에 한 번 수도인 쿠알라룸푸르에 가. 쿠알라룸푸르는 우리 마을과는 비교할 수 없을 정도로 커. 그곳은 높은 빌딩과 화려한 가게가 있는 아주 현대적인 도시야. 지난 주말에 나는 거기서 새 옷을 만들 옷감을 샀어.

우리나라에는 우리 같은 말레이인 외에 인도인과 중국인들도 살아. 각 민족마다 쓰는 말이 달라서 영어로 이야기할 때도 있어.

방학 때 나는 식구들과 함께 고원 지대로 소풍 가. 그곳은 푸른 덤불 숲이 많아서 공기가 맑아. 고원 지대에서는 차를 재배해. 차잎이 돋아나는 것을 본 적 있니? 정말 예뻐. 그리고 꽃이 필 때는 더 예쁘지. ❞

42

아프리카

남아프리카 공화국
수도: 프리토리아

내가 사는 곳: 미들버그

내 이름은 **모이나**야 (3살)

> **고에이에 모레!**
>
> 우리 집 벽에 그려진 그림 어때? 참 예쁘지? 이 그림은 우리 데벨레족의 전통 무늬야. 이 무늬는 세계적으로 유명해.
>
> 남아프리카 공화국에서 우리 부족의 수는 그리 많지 않아. 우리나라에서 가장 수가 많은 줄루족에 비하면 훨씬 적지. 우리 부족 사람들은 전사의 기질을 타고난 줄루족을 두려워해. 대신 우리 데벨레족은 예술가 기질을 가졌어. 그중에서도 데벨레족 여자들은 진짜 예술가야. 이런 그림을 그리는 사람들이 데벨레족 여자들이거든.
>
> 그런데 안타깝게도 그림이 그려진 집이 점점 줄어들고 있어. 예전에는 이곳 미들버그 근처에 그런 집이 많았는데 이제는 별로 남지 않았어. 우리 부족이 그린 그림을 보고 싶으면 우리가 사는 민속촌으로 와야 해. 이곳에서는 데벨레족의 여자들이 집의 벽에 그림을 그리고 또 그려.
>
> 엄마가 발목과 팔에 두르고 있는 고리는 아빠가 선물 하신 거야. 부부가 되어 함께 살게 되면 남편이 아내에게 고리를 선물하는 것이 전통이야. 그리고 엄마가 목에 건 고리는 할아버지와 할머니가 선물로 주신 거야. 고리가 하나씩 늘어날 때마다 부자가 되지. 데벨레족 여자 한 사람이 달고 다니는 구슬과 고리의 무게는 보통 20킬로그램이나 돼.
>
> 나도 크면 엄마처럼 동으로 만든 고리를 걸 거야. 하지만 고리를 달고 다니기 전에 그림 그리는 법부터 배울 생각이야. 나는 물감과 붓을 갖고 신이 나게 그림을 그릴 거야. 내가 살 집을 아주아주 예쁘게 꾸며야지.

면적: 1,220,813㎢
인구: 48,783,000명
종족: 반투족을 비롯한 흑인(79%), 백인(9.6%), 혼혈인, 인도인
종교: 개신교, 이슬람교, 힌두교
언어: 영어, 아프리칸스어를 비롯한 11개 언어를 공용어로 사용한다.
통화: 랜드
기후 및 자연환경: 남서부는 포도 재배가 잘되는 지중해성 기후이며 내륙은 살기에 적당한 아열대성 기후의 고원으로 이루어져 있다.
천연 및 농산 자원: 금, 다이아몬드(세계 생산량의 66%), 석탄, 크롬, 우라늄

* 남아프리카 공화국은 수도가 세 곳으로 나뉘어 있다. 프리토리아는 대통령이 있는 행정수도, 케이프타운은 의회가 있는 입법수도, 블룸폰테인은 최고 법원이 있는 사법수도이다.

왼쪽 사진 속에 있는 게 아니야. 우리나라 남쪽에도 살아. 그리고 이모와 나의 쌍둥이 여동생이 있어. 펭귄은 남극에만 있는 게 아니야. 우리나라 남쪽에도 살아.

44

아시아
수도: 도쿄
일본
내가 사는 곳: 교토

나는 쉰페이야 (4살)

면적: 377,873㎢
인구: 127,674,000명
종족: 일본인
종교: 신도, 불교(이 두 종교를 함께 갖는 사람들이 많다.)
언어: 일본어
통화: 엔
기후 및 자연환경: 대부분의 지역이 온대 기후에 속하며, 산림 지역이 반 이상을 차지한다. 화산 폭발, 태풍 그리고 지진과 같은 자연재해가 비교적 잦은 편이다.
천연 및 농산 자원: 쌀, 어류(세계 1위의 어업국)

"곤니치와!

일본의 옛 수도인 이곳 교토는 지금 봄이야. 곳곳에 벚꽃이 아름답게 활짝 피어 있어.

우리는 일본 전통 방식으로 지은 작은 집에 살아. 방과 방 사이에는 나무와 창호지를 댄 가벼운 미닫이문이 있어. 그리고 방 안에는 다다미가 깔려 있지. 다다미는 볏집을 엮어 만든 돗자리인데 아주 부드러워.

우리 엄마는 요리를 참 잘하셔. 엄마가 만드는 김밥, 된장국, 해산물 우동, 메밀국수는 정말 최고야. 이것저것 집어 먹느라 내 젓가락이 아주 바빠. 내가 가장 좋아하는 요리는 생선회야. 조그맣게 썰어서 예쁘게 장식한 생선회를 보면 침이 꼴딱 넘어가.

나는 아직 학교에 갈 나이가 아니야. 그래서 오전에는 유치원에 가고 오후에는 집에서 놀아. 나는 종이 접기 놀이를 참 좋아해. 갖가지 색깔의 종이로 여러 가지 모양을 만들고 나면 얼마나 뿌듯한데.

일본식 씨름인 스모를 본 적 있니? 스모는 우리나라에서 아주 인기 있는 운동 경기야. 상대편을 경기장 밖으로 밀어내면 승리하는 건데 어떤 때는 경기가 겨우 십 초 만에 끝날 때도 있어. 일 년에 한 번 우리 가족은 도쿄에 가서 150킬로그램이나 되는 거인 아저씨들이 나오는 스모 경기를 봐.

오른쪽 사진에서 우리 가족은 서양식 옷을 입고 있지만 항상 그런 건 아니야. 엄마는 결혼식 같은 중요한 행사에 갈 때 일본 전통 의상인 기모노를 입으셔. 나도 전통 의상이 한 벌 있어. 바로 유도를 할 때 입는 옷이야. 유도는 일본에서 생긴 운동이야. 나랑 유도 한 판 할래?"

학생들은 모두 교복을 입어.

아메리카

수도: 리마
페루

내가 사는 곳: 티티카카 호수

면적: 1,285,198㎢
인구: 28,534,000명
종족: 인디오(45%), 메스티소(37%), 백인(15%), 흑인
종교: 가톨릭교
언어: 스페인어(공용어), 케추아어(공용어), 아이마라어(주로 인디오들이 사용한다.)
통화: 누에보솔
기후 및 자연환경: 북서쪽에서 남동쪽으로 가로지른 안데스 산맥이 페루를 세 개의 지역으로 나눈다. 해안 지방은 기온이 온화하고 습도가 높다. 해발 고도 4,000m 이상의 산악 지대는 여름에는 아열대성 기후지만 겨울에는 기온이 낮다. 산림 지대는 국토의 반을 차지할 정도로 넓으며 열대성 기후를 보인다.
천연 및 농산 자원: 석유, 은(세계 1위의 보유국), 납, 아연, 목화, 사탕수수, 커피

나는 줄리야 (9살)

" 올라!

떠다니는 섬을 상상해 본 적이 있니? 우리가 사는 섬은 티티카카 호수에서 바람을 따라 이리저리 떠다녀. 거짓말이 아니야. 어떻게 섬이 떠다닐 수 있느냐고? 그것은 이 섬이 아주 가볍기 때문이야. 갈대가 겹겹이 쌓여서 섬이 되었거든. 호숫가 곳곳에서 갈대를 볼 수 있을 만큼 이곳에는 갈대가 많아. 우리는 갈대를 토토라라고 불러. 토토라는 우리에게 아주 중요해. 토토라로 섬의 바닥을 튼튼하게 만들고 집과 작은 배도 만드니까. 게다가 물고기를 잡을 낚싯밥으로 쓰기도 하지.

티티카카 호수는 페루 남쪽 해발 4,000미터에 있어. 세계에서 가장 높은 곳에 있는 호수지. 나는 우르아이마라 인디오야. 우리 부족은 아주 오래전부터 티티카카 호수에서 살았어. 15세기에 잉카 문명이 호수 북쪽으로 400킬로미터쯤 떨어진 쿠스코를 수도로 한 대제국을 건설하기 전부터 말이야.

티티카카 호수는 볼리비아에 속한 쪽과 페루에 속한 쪽으로 나누지. 볼리비아 쪽 호수에는 떠다니는 섬이 아닌 진짜 섬이 있어. 전설에 따르면 그 섬은 잉카 문명을 만든 사람이 하늘에서 내려와 처음 발을 디딘 곳이래. 그래서 '태양의 섬'이라고 불러.

쿠스코에서 조금 더 북쪽으로 가면 잉카 제국의 옛 도시 마추픽추가 나와. 그곳에는 지금은 사라져 버린 위대한 잉카 문명의 모습이 남아 있어. 마추픽추는 안데스 산맥 중턱에 지어진 도시라서 그 주변은 온통 낭떠러지고 항상 구름으로 둘러싸여 있어. 그곳에 바람이라도 불면 정말 아찔해. 마치 땅이 흔들리는 것 같은 느낌이 들지. "

갈대로 만든 뱃머리 장식이 달린 배야. 우리 아빠가 만드셨어.

아시아

수도: 라싸
티베트

내가 사는 곳: 다즐링(인도)

나는 앤춥이야 (5살)

"타시델레!

나는 인도의 다즐링에서 태어났지만 우리나라는 티베트야. 그런데 지금 우리나라는 어디에도 없어. 오십 년 전에 중국이 우리나라를 공격해서 자기네 땅으로 만들어 버렸거든. 그래서 아빠와 엄마는 티베트를 떠나기로 결심하셨지. 몇 달 동안 히말라야 산맥의 눈 덮인 산을 넘고 구름을 헤치며 걸은 끝에 지금 우리가 있는 인도의 난민촌에 도착하셨어.

이곳 난민촌은 마치 작은 티베트 같아. 우리 말고도 많은 티베트 사람들이 여기 살아. 우리는 학교에 가서 티베트어를 배워. 물론 인도에서 쓰는 힌디어와 영어도 배우고. 나는 피리 부는 법까지 배웠어. 산에서 양 떼를 모는 티베트의 목동처럼 피리를 불어 볼까?

우리가 사진을 찍은 곳은 엄마 아빠의 작업실이야. 이곳에서 우리 아빠는 양탄자와 스웨터를 짜는 일을 하시고 엄마는 아주 작은 붓으로 관광 엽서에 그림을 그리셔. 티베트의 민속 춤을 자주 그리시지.

매일 저녁 우리는 티베트를 위해 기도해. 우리 집 창문에 '티베트를 구하자!', '달라이 라마 만세!' 라는 구호를 적어 놨어. 달라이 라마는 우리의 지도자인데 우리처럼 인도에 살면서 티베트의 독립을 위해 애쓰고 계셔. 우리는 언젠가 독립 국가가 된 우리나라로 돌아갈 꿈을 꿔. 나는 그 꿈이 반드시 이루어지리라고 굳게 믿어.**"

면적: 1,228,400㎢
인구: 2,620,000명
종족: 티베트족, 한족, 후이족
종교: 불교(달라이 라마를 교주로 하는 라마교)
언어: 티베트어, 힌디어
통화: 상
기후 및 자연환경: 지구에서 가장 넓고 높은 고원인 티베트 고원에 위치하여 건조하고 추운 기후가 나타난다.
천연 및 농산 자원: 밀, 완두콩, 쌀, 바나나, 차, 양, 야크

* 1950년, 중국은 티베트를 강제로 점령했다. 티베트인들 가운데 일부는 티베트에 남아 자신들의 문화를 보존하기 위해 애쓰고 있으며, 다른 일부는 티베트를 떠나 망명 생활을 한다.

엄마가 직접 그려서 만든 관광 엽서야.
우리나라 전통 운동 경기를 하는 모습이지.

아메리카

수도: 워싱턴
미국

내가 사는 곳: 와이오밍

면적: 9,522,055㎢
인구: 305,146,000명
종족: 백인(72.4%), 흑인(12.6%), 히스패닉계, 아시아계, 아메리칸 인디언, 알래스카 원주민
종교: 개신교(52%), 가톨릭교, 유대교
언어: 영어(공용어), 스페인어
통화: 미국 달러
기후 및 자연환경: 국토가 넓기 때문에 기후대와 식물대가 아주 다양하게 분포되어 있다.
천연 및 농산 자원: 석유, 가스, 석탄, 콩, 옥수수, 목화, 밀 (세계 제1의 농산국)

내 이름은 코디야 (12살)

" 하이!

우리 아기를 소개할게. 물론 진짜 아기는 아니야. 얘는 전자 인형이지. 이 아기는 진짜 아기처럼 배고프거나 기저귀를 갈고 싶을 때면 막 울어. 그래서 밤낮으로 신경을 써 줘야 해. 아빠 노릇 하는 것이 얼마나 힘든지 이제야 좀 알 것 같아.

물론 인형을 가지고 노는 것이 내 취미는 아니야. 나는 격투기를 좋아해. 언젠가 프로 격투기 선수가 될 거야. 지금은 친구들처럼 학교를 다니고 있지만.

우리 가족은 와이오밍 깊숙한 곳에 있는 목장에 살아. 와이오밍은 인디언 말로 '드넓은 평원'이라는 뜻이야. 원래 이 땅은 아메리카 인디언인 수족과 샤이안족이 살던 곳이었어. 와이오밍의 초원은 미국에서 가장 푸르다고 해. 여기는 산도 있고 암벽도 있고 아름다운 국립공원도 있어. 그중에서도 옐로스톤 국립공원이 유명하지.

남동생 보비는 멋을 많이 부려. 걔는 이 사진을 찍는다고 아이스하키 유니폼을 입고 장비도 모두 갖추었어. 풀밭 위에서 스케이트를 신고 폼을 잡고 있다니 정말 웃겨. 아이스하키는 캐나다 사람들이 즐기는 스포츠인데 와이오밍에서도 굉장히 인기 있어. 너희도 이곳에서 벌어지는 아이스하키 경기를 꼭 한번 봐야 해. 얼마나 박진감 넘친다고. 손에 땀이 다 날 정도야. "

나의 취미는 우표 수집이야. 이 우표들은 서부 개척 시대에 관한 우표야. 오른쪽 사진의 우리 가족을 소개할게. 먼저 내 '아기'가 있고 부모님과 동생이 있어. 그리고 우리 집 개가 내 뒤에 숨어 있어.

52

아프리카

기니비사우

수도: 비사우

내가 사는 곳: 가부

나는 쿠야테야
(10살)

면적: 36,125㎢
인구: 1,503,000명
종족: 발란테족(30%), 풀라니족(20%), 마란케족(14%), 만딩고족(13%)
종교: 토착 신앙(65%), 이슬람교(30%)
언어: 포르투갈어(공용어), 크레올어, 그 밖의 부족 언어
통화: 세파프랑
기후 및 자연환경: 습한 열대 기후이다. 나라의 3분의 1이 석호와 숲으로 이루어져 있다.
천연 및 농산 자원: 보크사이트, 어류, 땅콩, 아몬드

" **이소코마!**

우리 가족은 사진을 찍기 위해 나무 그늘에 모여 있어. 이곳은 아빠가 일하시는 야외 작업장이야. 나무가 지붕이야. 나는 여기를 아주 좋아해. 작업장 한쪽에 쌓여 있는 대패밥에서 풋풋한 나무 냄새가 나거든.

우리 아빠는 나무를 깎아 필기판을 만드는 일을 하셔. 이슬람교 교리를 배우는 코란 학교의 학생들은 아빠가 만든 나무 필기판에 예언자들의 말씀을 적지. 지금 나도 내 필기판을 팔에 끼고 있어. 하지만 아빠는 나를 코란 학교 대신 보통 학교에 다니게 하셨어. 나의 미래를 위해 더 낫기 때문이래.

우리 마을 사람들은 모두 만딩고족이야. 만딩고족은 서부 아프리카 전 지역과 말리, 기니, 감비아, 세네갈 등에 살아. 그리고 여기 기니비사우에도 있지. 만딩고족이 이곳에 자리를 잡게 된 것은 지금으로부터 약 800년 전이야. 만딩고족의 역사는 아주 오래되었지.

우리 부족의 역사를 알려면 13세기 아프리카의 시인이자 역사가인 그리오의 노래에 귀를 기울여 봐. 그리오는 코라 연주에 맞추어 아프리카의 역사를 노래했어. 코라는 줄이 열두 개가 달린 하프야.

나도 코라를 연주할 줄 알아. 아빠가 호리병박으로 내게 코라를 만들어 주셨지. 내가 코라를 연주할 때면 그 음악 소리가 빗방울이 되어 메마른 대지와 밭을 촉촉히 적셔 주는 것 같아. "

이 집은 기니비사우가 포르투갈의 식민지였을 때 지어졌어. 그래서 포르투갈식 타일로 장식되어 있어. 오른쪽 사진을 봐. 엄마, 아빠, 누나들, 여동생들이 있어. 큰 누나는 자기 아이를 안고 있어.

아시아

수도: 예레반
아르메니아

내가 사는 곳: 세반 호수

내 이름은 로사야 (7살)

면적: 29,743㎢
인구: 2,996,000명
종족: 아르메니아인(97.9%), 아제르바이잔인, 쿠르드족, 러시아인
종교: 아르메니아 정교회
언어: 아르메니아어(공용어), 러시아어
통화: 드람
기후 및 자연환경: 화산들이 많은 산악지대가 있다. 지진이 자주 발생한다.
천연 및 농산 자원: 포도, 보리, 올리브, 목축, 구리, 대리석

" 파레브!

지금 우리는 세반 호수 근처에서 야영을 하고 있어. 우리 가족은 리투아니아에 살지만 해마다 여름이 되면 2,000킬로미터나 떨어진 이곳 아르메니아에 와서 친척들을 만나. 나는 야영도 좋지만 친척들과 함께 있어서 더 좋아.

세반 호수는 산 위에 있는 큰 호수야. 아르메니아는 산은 많지만 바다는 없어. 그래서 세반 호수는 작은 바다 같아. 나는 이곳이 마음에 딱 들어. 리투아니아의 발트 해는 수영하기에 물이 너무 차거든.

할아버지는 날마다 우리를 데리고 산책을 나가셔. 내일은 여기서 가까운 수도원에 가 보기로 했어. 그곳은 기독교가 생겨난 지 얼마 되지 않았을 때 세워진 수도원이야. 아르메니아는 세계에서 가장 먼저 기독교 국가가 된 나라야. 이미 3세기에 기독교를 국교로 정했대.

그런데 난 아르메니아 사람인데 왜 다른 나라에 살고 있냐고? 아르메니아는 오랫동안 이웃나라에게 괴롭힘을 받았어. 그래서 많은 사람들이 조국을 떠났지. 특히 터키는 몇 번이나 우리나라를 침략하고 많은 사람들을 죽였어. 수십만 명이 한꺼번에 목숨을 잃은 적도 있대. 터키가 물러난 다음에는 러시아가 침략해서 강제로 소련 연방에 합쳐 버렸어. 우리나라 사람들이 그동안 얼마나 많이 고생했는지 눈에 보이지?

1991년에 우리나라는 마침내 독립했어. 침략을 피해 다른 나라로 피란 갔던 아르메니아 사람들이 이제는 속속 돌아오고 있어. 우리 가족도 곧 돌아올 생각이야. 바로 이 세반 호수로 말이지. 자, 이제 수영하러 갈래. "

이 빵은 설탕과 오렌지꽃으로 만든 아르메니아의 전통 빵이야.
오른쪽 사진에서 뒤에 있는 어른들은 할아버지, 할머니, 이모, 그리고 우리 아빠 엄마야. 앞에 있는 아이들은 내 사촌 동생들과 여동생이야.

루마니아
수도: 부쿠레슈티
내가 사는 곳: 다라스티

내 이름은 코스민 이야 (8살)

면적: 238,391㎢
인구: 21,508,000명
종족: 루마니아인(89.5%), 헝가리인, 우크라이나인, 독일인
종교: 루마니아 정교회(87%)
언어: 루마니아어(공용어), 헝가리어, 독일어
통화: 루마니아 레우
기후 및 자연환경: 동쪽에는 카르파티아 산맥이 있고 남쪽에는 알프스 산맥과 트란실바니아 산맥이 있을 정도로 산이 많은 나라다. 국토의 3분의 1을 차지하는 산림 지대는 여름엔 무덥고 겨울엔 추운 대륙성 기후를 보인다.
천연 및 농산 자원: 석유, 목재, 석탄, 밀, 보리, 해바라기 씨

" 부나 지나!

우리 집은 다라스티에 있어. 작지만 포근하고 따뜻해. 우리 가족은 부자는 아니야. 그래도 아주 행복하게 살아. 아빠는 운전사야. 매일 트럭을 몰고 루마니아의 도로를 달리시지. 지난번에 일이 끝나고 집으로 돌아오실 때는 내게 귀여운 강아지를 사다 주셨어. 엄마와 다정하신 우리 두 할머니는 야채를 기르셔. 덕분에 우리는 매일 싱싱한 야채를 먹을 수 있지.

일요일이면 아빠는 취미로 아코디언을 연주하셔. 우리나라에 좋은 일이 생겼을 때도 연주하시지. 1989년에 우리나라는 이십사 년 동안이나 이어진 독재 정치에서 벗어나게 되었는데 그때도 아빠는 아코디언을 연주하셨대. 독재자인 차우세스쿠가 우리나라의 대통령이었을 때는 나라에서 사람들을 늘 감시했어. 그래서 사람들은 공포에 떨었대. 내가 그때 태어나지 않아서 다행이야.

나는 형과 아빠와 함께 시골 길을 걷거나 카르파테스 산에 오르는 것을 아주 좋아해. 그 산속에는 드라큘라의 성이라고 알려진 블라드 4세의 성이 있어.

드라큘라는 꾸며낸 이야기가 아니라 진짜 있었던 사람이야. 블라드 4세는 중세 루마니아 왕국의 왕자였는데, 15세기에 오스만 투르크 제국이 침략했을 때 적들을 사로잡아 말뚝에 꿰었다는 거야. 그래서 '루마니아의 꼬챙이 블라드' 또는 '악마 드라큘라' 라고 불리게 된 거래. 으스스하지?

저번에 산속에서 산책하다가 외딴 집을 발견했는데 현관문에는 날개 모양의 장식이 있었어. 그 장식을 통해 드라큘라가 드나들지 않을까 하는 엉뚱한 상상을 하기도 했어. "

점심시간이야. 우리는 교실에서 점심을 먹어.
오른쪽 사진에서 우리 가족을 소개할게. 가운데는 아빠, 아빠의 왼쪽에는 삼촌, 오른쪽은 엄마야. 그리고 내 왼쪽은 외할머니 오른쪽은 친할머니야.

아시아

수도: 이슬라마바드

파키스탄

내가 사는 곳: 퀘타

나는 자히납 이야
(13살)

면적: 796,096㎢
인구: 161,910,000명
종족: 펀자브인, 신드인, 발루치인, 파탄인, 무하지르족
종교: 이슬람교
언어: 우르두어(공용어), 영어, 펀자브어, 신드어, 발루치어, 피슈노어
통화: 루피
기후 및 자연환경: 중부의 펀자브 지방은 비가 많은 여름과 서늘한 겨울이 나타난다. 남부는 건조한 기후이다.
천연 및 농산 자원: 목화, 밀, 쌀, 석탄

" **아살람 알레이쿰!**

우리 집은 딸만 여섯이야. 아빠는 우리를 '여섯 송이의 아름다운 꽃'이라고 부르셔. 이 여섯 송이의 꽃, 아니 여섯 명의 딸들도 언젠가 모두 결혼하겠지. 위에 두 언니는 이미 결혼했고 이제 네 명이 남았어. 나는 아직 학교에 다니니까 결혼하려면 좀 더 기다려야지. 하지만 나의 세 언니들은 신랑감을 찾아야 할 때야. 그렇다고 신랑감을 언니들이 직접 고르지는 않아. 아빠가 고르시지.

우리는 지참금이라는 것을 준비해서 결혼할 남자의 집안에 줘야 해. 그것이 전통이야. 물론 꼭 돈으로 줘야 하는 것은 아니야. 텔레비전이나 양탄자 혹은 자동차가 될 수도 있지. 지참금을 마련하느라 집안 형편이 나빠지는 사람들도 있어. 사진 속에서 아빠는 미소를 짓고 있지만 지참금 때문에 걱정이 많으셔. 안 그래도 아빠는 교통경찰이어서 신경 쓸 일이 많은데. 길에는 형형색색의 버스와 트럭이 다니고 많은 사람들이 오가고 소총을 어깨에 멘 헌병들이 순찰을 돌아. 아프가니스탄 난민들을 만날 때도 있어. 이곳 퀘타는 국경과 아주 가깝거든.

내가 학교에 있는 동안 언니들은 집에서 어머니를 도와 부엌일을 하고 옷을 만들고 집 안을 꾸미지. 우리 집 마당에 과일나무를 심고 정자를 만든 것도 바로 언니들이야. 덕분에 우리 식탁에는 포도, 복숭아, 버찌 같은 신선한 과일이 늘 오르지. 언니들은 내 숙제를 도와주기도 해. 나는 언니들이 참 좋아. 우리가 다 결혼해서 다른 집에 살게 되더라도 지금처럼 사이좋게 지냈으면 해. "

퀘타의 버스는 언제나 만원이야. 그래서 사람들이 버스에 매달려 가기도 해.

64

아메리카

수도: 산티아고
칠레

내가 사는 곳: 쿠라니페

나는 아드리아나야 (5살)

"**올라!**

내가 사는 곳은 태평양을 마주한 작고 조용한 마을 쿠라니페야. 이곳엔 여러 가지 색으로 칠한 예쁜 집들이 많아. 해변에서는 사람들이 그물을 말리고 있지. 우리 마을 사람들은 물고기를 잡아서 먹고살아.

우리 아빠는 지금 집에 막 돌아오셨어. 와, 아빠의 바구니에 빨간 게가 가득 담겼네. 이제 큰오빠는 암소를 몰고 서둘러 나가야 해. 그래, 암소 말이야. 아빠의 무거운 배를 해변으로 안전하게 끌어 올리기 위해서는 암소가 꼭 필요해.

배를 해변에 대고 나면 엄마는 큰오빠와 작은오빠와 함께 오늘 잡은 수산물을 시장에 내다 팔러 갈 거야. 나도 따라가야지. 시장은 아주 북적대. 너 나 할 것 없이 목청 높여 소리 지르지.

나는 유치원에 다녀. 유치원에서 나랑 가장 친한 친구는 마리아야. 검고 긴 머리를 가진 마리아는 마푸추 인디오야. 이곳 칠레에서 마푸추 인디오들은 영웅이야. 왜냐하면 칠레가 스페인의 식민지였을 때 용감하게 맞서 싸웠거든. 나에게도 마푸추 인디오의 피가 조금 흐르고 있어.

우리나라는 남북으로 길쭉하게 생겨서 지역마다 경치가 아주 달라. 북쪽 지방에는 사막과 화산이 있어. 그곳은 아주 건조해서 십 년 넘게 비가 오지 않았대. 하지만 남쪽 지방인 파타고니아는 영 딴판이야. 아주 춥고 폭풍우가 심해. 그래서 뱃사람들이 무척 두려워하는 곳이야. 우리 아빠도 그쪽으로는 고기를 잡으러 가지 않아.

아야, 내가 잡고 있던 게가 집게로 내 손가락을 찔렀어. 빨리 사진 찍고 갈래."

면적: 756,096㎢
인구: 16,454,000명
종족: 백인 및 혼혈인(95%), 인디오(3%)
종교: 가톨릭교(89%), 개신교
언어: 스페인어
통화: 페소
기후 및 자연환경: 남북으로 길게 뻗었기 때문에 여러 기후대를 보인다. 사람들이 많이 사는 중부 지역은 주로 지중해성 기후와 열대성 기후가 나타난다. 중부는 언덕과 고원 지대를 이루고 있고 북부는 사막 지대이다. 그리고 남부는 크고 작은 섬들로 이루어져 있다.
천연 및 농산 자원: 구리, 철, 석유, 보리, 밀, 감자

고기잡이를 나갔다 돌아온 뒤에는 암소를 이용해서 배를 해변으로 끌어 올리지.

아프리카

니제르

수도: 니아메

내가 사는 곳: 디파

내 이름은 사리야 (12살)

면적: 1,189,546km²
인구: 14,731,000명
종족: 하우사족(56%), 제르마-송가이족(22%), 풀라니족(8.5%), 투아레그족(8%), 베리베리족(4%)
종교: 이슬람교, 그리스도교, 토착 신앙
언어: 프랑스어(공용어), 하우사어, 송가이어
통화: 세파프랑
기후 및 자연환경: 서아프리카의 내륙에 있는 사막 지대로 밤과 낮의 기온차가 무척 크다. 서쪽으로 흐르는 니제르 강 주변은 초원 지대이다.
천연 및 농산 자원: 우라늄, 철, 텅스텐, 땅콩, 목화

" **디암 날리!**

나는 서아프리카에 사는 유목민인 보로로족이야. 우리는 지구의 적도가 지나는 지역을 떠돌아 다녀. 물이 있는 곳을 따라 황량하고 단조로운 초원을 이동하지. 우리는 니제르 국경을 넘어 나이지리아, 카메룬, 차드 등 다른 나라까지 다녀.

우리가 가진 거라곤 붉은색이 도는 암소들과 호리병 그리고 당나귀 등에 얹은 거적이 전부야. 우리는 축제 때만 고기를 먹어. 보통 때는 우유와 버터와 치즈를 먹지. 한곳에 자리 잡고 사는 부족들한테서 조를 얻어먹기도 하고. 밤이 되면 우리는 나뭇가지로 잠자리를 만들어 아름다운 별을 보며 잠들어. 우리는 우리 보로로족이 진정한 유목민이라고 자부해. 니제르에서 낙타를 타고 유목 생활을 하는 투아레그족도 있지만 우리가 훨씬 더 자유롭지. 정말이야.

게다가 우리 보로로족은 날씬한 몸에 큰 눈을 가졌어. 이마는 훤하고 코는 곧고 미소는 매력적이야. 우리는 아름다운 몸을 가졌다는 것이 굉장히 자랑스러워. 그래서 보로로족의 순수한 피를 지키기 위해 다른 부족과는 결혼하지 않아.

해마다 비가 많이 오는 우기가 되면 게레울이라고 하는 특별한 축제가 열려. 게레울은 보로로족의 젊은이들 중에 가장 잘생긴 남자를 뽑는 대회야. 남자들은 이날 꼼꼼히 화장하고 멋진 옷을 차려입은 다음, 보석으로 치장해. 그러고는 함께 모여 노래를 불러. 그러면 젊은 여자들이 마음에 드는 남자 앞으로 달려가는 거야. 나도 언젠가는 내 짝을 그렇게 찾을 거야. 아마도 가장 멋진 남자겠지! "

조를 보관하는 곡식 창고야. 안으로 들어가려면 지붕으로 올라가서 고깔모자처럼 생긴 뚜껑을 열고 들어가야 해. 오른쪽 사진에서 우리 가족을 소개할게. 녹색 터번을 두르고 계신 분이 우리 아빠고, 그 왼쪽에 엄마와 언니가 있어. 가운데는 나의 세 여동생이야. 그리고 한쪽 다리를 든 채 웃긴 표정을 짓고 있는 사람이 보이니? 바로 우리 오빠야.

아시아

수도: 카트만두
네팔

내가 사는 곳: 바르디아

나는 라크스미야 (5살)

" **나마스테!**

나는 히말라야 산맥에 있는 산들의 이름을 다 알아. 너희는 모르지? 그래도 에베레스트라는 이름은 들어 봤을걸? 네팔과 티베트 사이에 걸쳐 있는 에베레스트 산은 세계에서 가장 높은 산이야. 높이가 8,850미터나 돼서 안개에 항상 둘러싸여 있어. 히말라야 산맥은 에베레스트 산 말고도 높은 산이 워낙 많아서 '세계의 지붕'이라고 불리지.

히말라야 산맥에는 셰르파라고 하는 사람들이 살아. 셰르파는 18세기에 티베트에서 왔대. 오늘날에는 히말라야를 오르는 사람들을 돕는 일을 하지. 히말라야에는 흑곰도 살고 털이 많은 소의 일종인 야크도 살아. 게다가 예티라고 불리는 눈사나이도 산대. 실제로 예티를 만나 본 사람은 없지만.

나는 산속에 살지 않아. 내가 사는 곳은 바르디아 자연 공원이야. 이 공원 안에는 동물들이 아주 많아. 이 근처에는 룸비니라는 작은 마을이 있는데 전설에 따르면 부처님이 태어난 곳이래.

우리 아빠는 관광 안내인이자 코끼리 조련사야. 관광객들을 코끼리 등에 태우고 밀림 속을 돌아다니시지. 아빠는 열네 살 때 코끼리를 다루는 법을 배우셨어. 우리나라에서 코끼리는 아주 신성한 동물이기 때문에 코끼리 조련사는 대단한 직업이야. 힌두교의 신들을 모신 신전에 가 보면 코끼리의 머리를 한 신도 있어. 그 신의 이름은 가네샤야.

우리 집에 놀러 오면 내가 코끼리 등에 태워 줄게. 코끼리를 타고 코뿔소랑 인도호랑이를 쫓아가 보는 거야. 실컷 놀다 어두워지면 강에 가서 코끼리를 씻겨 주자. "

면적: 147,181㎢
인구: 28,757,000명
종족: 인도아리아계(80%), 몽골계, 티베트계
종교: 힌두교(86%), 불교, 이슬람교
언어: 네팔어(공용어), 10여 개의 부족 언어, 30개 이상의 방언
통화: 네팔 루피
기후 및 자연환경: 북부의 히말라야 산맥 지대와 중부의 고원 지대, 남부의 열대 평원 지대로 나뉘며, 전체적으로 기후가 선선하다.
천연 및 농산 자원: 쌀, 밀, 옥수수, 감자, 목재

셰르파와 야크와 예티의 땅인 히말라야 산맥에 온 것을 환영해.

70

수도: 베를린

독일

내가 사는 곳: 함부르크

면적: 357,093km²
인구: 82,143,000명
종족: 독일인(91.5%), 터키인(2.4%)
종교: 개신교(34%), 가톨릭교(34%)
언어: 독일어
통화: 유로
기후 및 자연환경: 북서부 지대는 해양성 기후, 남동부는 대륙성 기후로, 중부 고원 지대의 대규모 삼림군이 유명하다.
천연 및 농산 자원: 철, 석탄, 목재, 감자

내 이름은 자모야 (3살)

" 구텐 탁!

방학이 시작했어. 유치원에서 있었던 일들을 까맣게 잊을 만큼 긴 방학이야. 오늘은 공원에 갈 거야. 오른쪽 사진에서 장밋빛 멜빵바지를 입은 애는 나의 가장 친한 친구인 밀라야. 밀라와 나는 오후에 가는 그림 그리기 모임에서 친구가 되었어.

우리나라는 유치원뿐만 아니라 초등학교와 중학교까지도 오전에만 공부해. 정말 좋겠지? 그래서 우리는 운동, 연극, 음악 등 다른 활동을 할 시간이 많아. 나는 그림을 그리기로 했어. 우리 엄마 아빠가 미술이 셈과 책 읽기 못지 않게 중요하다고 말씀하셨거든. 내가 사진에서 입은 티셔츠도 직접 만든 거야.

우리 아빠는 중앙아프리카에 있는 나라 부룬디에서 태어났어. 아빠는 텔레비전 방송국에서 일하시고 축구와 음악을 아주 좋아하셔서. 나도 축구를 좋아해. 엄마는 아기 낳는 것을 도와주는 일을 하는 조산사야. 엄마는 엘라와 나를 옛날 방식대로 집에서 낳으셨어.

내가 사는 함부르크는 독일의 북쪽에 있는 도시야. 언젠가 우리 가족은 함부르크를 떠나 이곳에서 50킬로미터 떨어진 발트 해 옆에 오두막집을 짓고 살 거야. 그게 우리 엄마의 꿈이거든.

내 마음에도 여러 가지 꿈이 있어. 커다란 도화지에 그림도 그리고 싶고, 밀라와 함께 아빠의 고향 부룬디에도 가고 싶어. 그중에서도 가장 큰 꿈은 우리나라 축구 국가 대표팀의 골키퍼가 되는 거야. 나도 월드컵에서 뛰고 싶어. "

발트 해의 해변에는 바람을 피할 수 있는 텐트가 있어.
오른쪽 사진을 설명해 줄게. 엄마, 아빠, 여동생 그리고 내 옆에는 나의 가장 친한 여자 친구 밀라야.

아프리카
내가 사는 곳: 파이윰
이집트
수도: 카이로

내 이름은 아흐메드야 (6살)

" **알란 와 살란!**

이곳 파이윰 마을 사람들은 대개 당나귀를 타고 다녀. 하지만 우리 아빠한테는 멋진 오토바이가 있어. 마음 좋은 아빠는 마을 사람들이 오토바이에 좀 태워 달라고 부탁하면 절대로 거절하지 않고 꼬박꼬박 태워 주셔. 하지만 오늘 아빠는 오토바이에 나만 태워 주신댔어. 나일 강 옆 울퉁불퉁한 길을 따라 씽씽 달릴 거야. 짐을 실은 낙타, 건초를 실은 마차, 피라미드를 보러 가는 관광객들을 실은 버스 사이를 요리조리 달려야지. 나일 강을 따라 죽 가면 피라미드가 나와. 몸은 사자인데 머리는 인간인 스핑크스도 볼 수 있어. 피라미드는 4,000년 전에 만들어진 거대한 무덤이야. 이집트를 다스린 왕들이 미라가 되어 피라미드 안에 묻혔지.

이집트의 수도인 카이로는 아프리카에서 가장 큰 도시야. 1,200만 명이나 되는 사람들로 항상 북적대. 우리 아빠는 카이로에서 일하셔. 낙타 가죽에 그림을 그려서 파는 일을 하시지. 나도 일을 해. 나는 친구들과 함께 우리 동네의 좁은 시장 골목에서 조그만 깨빵을 팔아.

나는 나중에 크면 피라미드를 탐험할 거야. 손전등을 들고 깜깜한 피라미드 안으로 들어가서 깊숙이 숨겨져 있던 미라를 찾아내야지. 미라가 살아나서 덤벼들면 어떡하느냐고? 그럼 우리 아빠의 오토바이를 타고 잽싸게 도망치면 돼. "

면적: 997,793㎢
인구: 74,805,000명
종족: 이집트인(98%), 베르베르인, 누비아인
종교: 이슬람교
언어: 아랍어
통화: 이집트 파운드
기후 및 자연환경: 나일 강 주변의 비옥한 지역을 중심으로 간간이 오아시스들이 있는 두 개의 사막이 있다. 아스완 댐의 건설로 나일 강과 상관없이 물을 댈 수 있게 되었다.
천연 및 농산 자원: 석유, 면화, 사탕수수, 밀, 쌀

우리나라에서 가장 멋진 도로 중 하나야. 이 길은 시나이 사막을 가로지르지. 오른쪽 사진을 한번 보렴. 아빠, 엄마, 여동생 그리고 사진에 같이 나오고 싶어 하는 동네 형들이야.

아시아
수도: 하노이
베트남
내가 사는 곳: 호이안

나는 **쿠 토안** 이야 (6살)

> **차오!**
>
> 이야, 신 난다! 오늘은 음력 1월 1일, 내가 손꼽아 기다리던 설날이야. 베트남에서는 설날을 테트라고 불러. 테트는 일 년 중에 가장 중요하고 신성한 날이야. 모든 것이 새로 시작하는 날이니까. 그래서 이날만은 싸워서도 안 되고 화를 내서도 안 되고 욕을 해서도 안 돼. 만약 누가 그런다면 일 년 내내 재수가 없대.
>
> 우리나라 사람들은 설날에 귀신 쫓기 놀이를 해. 이 놀이는 크게 소리 지르고 북을 두드리면서 거리를 달리는 거야. 이렇게 해야 못된 귀신들이 겁을 먹고 다 도망간대. 조상을 모신 제단에 향을 피우고 꽃을 바치는 것도 설날에 꼭 해야 하는 일이야.
>
> 이곳 호이안에서는 닝설 때 누구나 집 앞에 국기를 세워 둬. 그래서 우리 집 앞뜰에도 이렇게 국기를 가져다 놨지. 우리 가족은 새해 첫날을 기념하기 위해 국기 앞에서 사진을 찍었어. 내 동생 좀 봐. 사진을 찍는다니까 잽싸게 옷을 갈아입고 나왔지 뭐야. 새로 산 새하얀 원피스를 입고 작은 손가방을 어깨에 멨네. 내 동생 귀엽지?
>
> 내일 우리 가족은 새해가 된 것을 축하하는 행진을 보러 갈 거야. 친척들도 다 같이 가기로 했어. 나는 맨 앞줄에 서서 구경할 테야. 사람들이 용 모양의 커다란 탈을 뒤집어쓰고 추는 용 춤은 꼭 봐야 해. 마치 진짜 용이 날아다니는 것 같거든. 온갖 묘기를 부리는 사람들도 볼 수 있어. 입에서 불을 내뿜기도 해.
>
> 새해 첫날이니까 소원을 빌어야지. 새해에는 어부인 아빠가 물고기를 많이 잡으셨으면 좋겠어. 나는 학교에서 공부를 잘했으면 좋겠어. 그리고 오늘부터는 동생과도 싸우지 않을 거야. 나도 이제 한 살 더 먹었으니까 좀 더 의젓한 오빠가 되어야지.

면적: 331,212㎢
인구: 88,537,000명
종족: 베트남인(86%), 중국인
종교: 불교(70%), 가톨릭교
언어: 베트남어(공용어), 크메르어, 중국어, 샴어, 타이어
통화: 동
기후 및 자연환경: 국토의 4분의 3이 산지다. 열대계절풍의 영향으로 6월과 9월 사이의 여름에는 비가 많이 내리고 겨울은 건조하다.
천연 및 농산 자원: 석탄, 석유, 인산염, 쌀, 고무, 차, 커피

애는 나의 가장 친한 친구인 탕이야.
탕은 자기 동생을 학교까지 데려다 주고 있어.

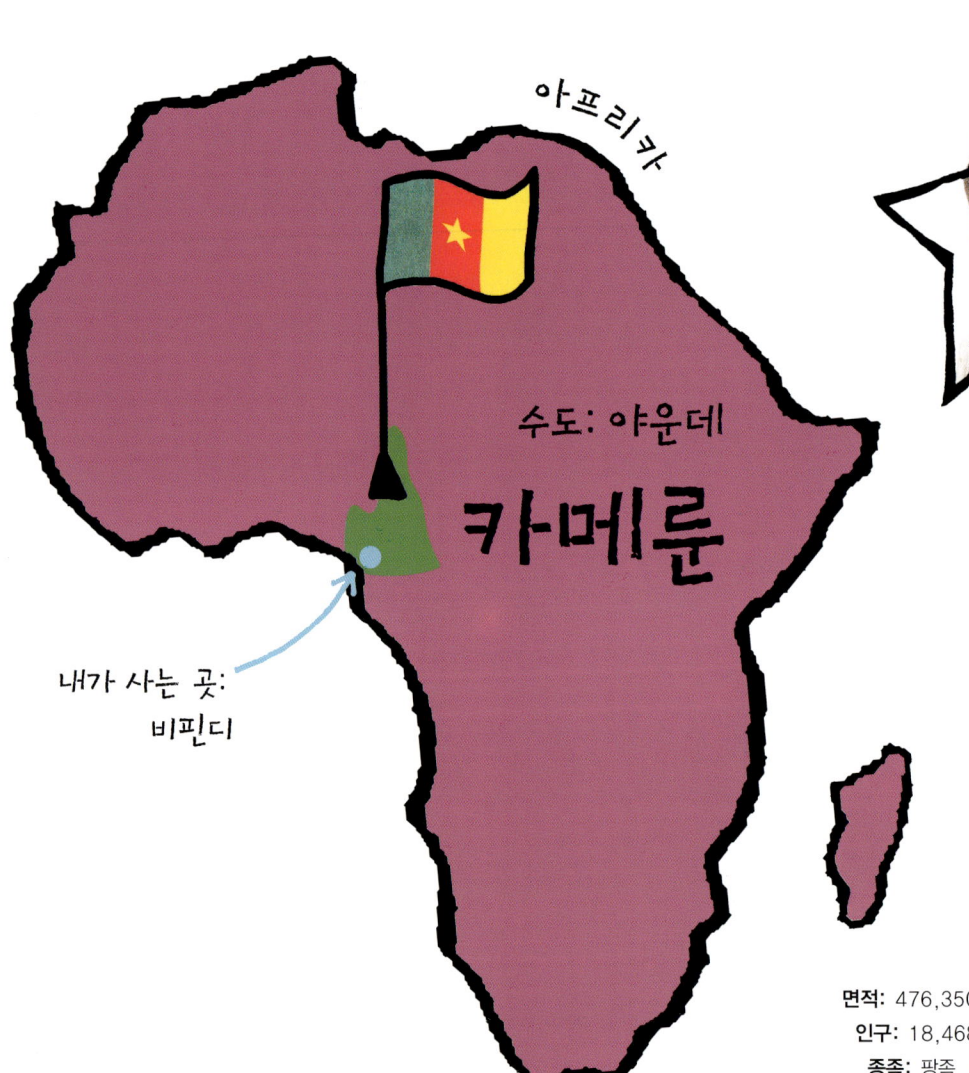

아프리카

수도: 야운데

카메룬

내가 사는 곳: 비핀디

내 이름은 피에르야 (6살)

면적: 476,350㎢
인구: 18,468,000명
종족: 팡족, 바츠사족, 마카족, 바밀레케족, 바뭄족, 풀라니족, 피그미족 등 100여 개 부족
종교: 가톨릭교, 이슬람교, 개신교, 토착 신앙
언어: 영어와 프랑스어(공용어) 그리고 24개 가량의 부족 언어
통화: 세파프랑
기후 및 자연환경: 남부의 열대 우림 지대는 덥고 습한 기후이다. 북부의 초원 지대는 건조한 기후이다.
천연 및 농산 자원: 석유, 보크사이트, 철, 커피, 코코아, 목화, 바나나

" **와디스포이케!**

나는 카메룬 사람이야. 그중에서도 피그미족이지. 혹시 피그미족에 대해서 들어 본 적 있니? 우리 피그미족은 키가 아주아주 작은 사람들이야. 다 큰 어른이라도 155센티미터를 넘지 않아. 그래서 다른 사람들의 놀림을 받을 때도 있어. 하지만 우리는 별로 신경 쓰지 않아. 키가 작아도 전혀 불편하지 않은걸.

나는 카메룬 남동쪽의 비핀디라는 곳에 살아. 이곳은 아프리카에서도 굉장히 외진 곳이야. 길도 제대로 나 있지 않아서 사람들이 찾아오기가 힘들어. 피그미족은 카메룬뿐만 아니라 이웃나라인 콩고와 가봉에도 살아.

우리 부족은 곡식을 재배하거나 가축을 기르지 않아. 대신 동물을 사냥하지. 피그미족은 몸은 조그마해도 사냥은 제법 잘한다고. 먹을거리가 필요하면 아빠는 독을 묻힌 화살과 창을 챙겨 가지고 덤불숲 속으로 가서 작은 동물들을 사냥해서. 나도 아빠를 따라 사냥하러 가곤 해. 그사이 엄마와 누나 그리고 동생들은 과일, 풀, 호두, 칡, 꿀 등을 찾으러 돌아다녀.

나는 평소에는 학교에 가지 않아. 사냥하느라 바빠서 말이야. 하지만 비가 많이 내리는 우기가 되면 사냥을 못하니까 학교에 갈 수 있어. 학교에서는 나무 심는 법, 낚시하는 법, 춤추는 법을 배워. 학교도 사냥만큼이나 내게 많은 것을 주지. "

카메룬의 북쪽 지방에 있는 유명한 룸시키 봉우리야. 내 모습이 조그맣게 보이니? 오른쪽 사진을 볼래? 우리 가족을 소개할게. 우리 엄마 아빠, 형, 누나 그리고 동생들이야.

78

아메리카

수도: 멕시코시티
멕시코

내가 사는 곳: 바토필라

나는 포트로치노야 (11살)

" 부에노스 디아스!

내가 오른쪽 사진을 어떻게 찍게 되었는지 이야기해 줄까? 형과 나는 학교에서 공부하고 있었어. 그런데 갑자기 아빠가 뛰어오시더니 사진을 찍으러 가자고 하시는 거야. 우리는 깜짝 놀랐지. 하지만 외국에서 온 사진작가 아저씨가 우리 사진을 책에 실을 거라는 이야기를 듣고 형이랑 같이 서둘러 집으로 뛰어갔어. 험한 산맥에 사는 우리 타라후마라족에게 뛰는 것쯤이야 식은 죽 먹기지.

우리는 조상 대대로 멕시코에 있는 시에라마드레 산맥에 살았어. 이곳은 무척이나 높고 가파른 산맥이야. 우리 가족 뒤에 있는 선인장을 봐. 초 여러 개를 꽂을 수 있는 촛대같이 생겼지? 여기는 이렇게 생긴 커다란 선인장들이 많아.

면적: 1,964,375km²
인구: 106,683,000명
종족: 메스티소(60%), 인디오(30%), 스페인계 백인(9%), 물라토, 삼보
종교: 가톨릭교(89%), 개신교
언어: 스페인어(공용어), 인디오 토속어
통화: 페소
기후 및 자연환경: 국토의 대부분이 고원이고 북회귀선이 남북을 가로지르기 때문에 열대 기후, 온대 기후, 건조 기후가 골고루 나타난다.
천연 및 농산 자원: 석유, 은, 납, 금, 옥수수

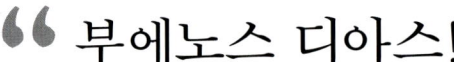

몇 년 전에 우리 부족은 이 산맥의 마을과 마을을 연결하는 오솔길을 만들었어. 힘든 일이었지만 나 같은 어린 애들까지도 힘을 보탰어. 마침내 길이 완성되던 날, 우리는 큰 잔치를 벌였어. 옥수수 빵에 잘게 썬 고기를 넣어 만든 타코를 실컷 먹었지.

나는 가끔 말을 타고 그 오솔길들을 지나다녀. 말을 타고 달리다 보면 내가 마치 판초빌라가 된 것 같은 기분이 들어. 판초빌라가 대체 누구냐고? 1900년쯤에 가난한 사람들을 위해 혁명을 일으켰던 멕시코의 영웅이야.

며칠 후인 11월 1일은 '죽은 자들의 날' 이야. 멕시코 사람들은 이날 죽은 사람들의 영혼이 우리를 찾아온다고 믿어. 어째 으스스할 것 같지? 사실은 전혀 그렇지 않아. 음식을 차리고 음악을 연주하며 흥겨운 축제를 벌이지. 너희가 영혼이라고 생각해 봐. 오랜만에 집에 왔는데 조용하기만 하다면 얼마나 심심하겠어? **"**

'죽은 자들의 날' 축제 때 사용하는 설탕으로 만든 해골 가면이야. 먹어 보면 아주 맛있어!

아시아

수도: 자카르타

인도네시아

내가 사는 곳: 발리 섬

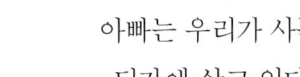

나는 **마데**야 (7살)

막 딴 리치 열매들을 쌓아 놓은 거야.
오른쪽 사진 속 우리 가족을 소개할게. 아빠, 엄마, 여동생 그리고 할머니야.

면적: 1,860,360㎢
인구: 234,342,000명
종족: 자바족(45%), 순다족(14%), 마두라족(7.5%) 등 300여 종족이 혼합된 말레이인과 파푸아인, 중국인, 인도인, 아라비아인
종교: 이슬람교(88%), 개신교, 힌두교
언어: 인도네시아어(공용어), 자바어를 포함한 530여 개의 토속어
통화: 루피아
기후 및 자연환경: 짧은 건기와 매우 습한 우기가 번갈아 나타나는 전형적인 열대계절풍 기후이다.
천연 및 농산 자원: 석유, 석탄, 천연가스, 철, 쌀, 옥수수, 고무, 커피, 담배, 야자유, 목재

" **셀라마트!**
아빠는 우리가 사는 발리 섬이 지상의 낙원이라고 자주 말씀하셔. 신들이 지구 어딘가에 살고 있다면 바로 여기일 거라고 하시지. 그만큼 발리 섬은 아주 아름다운 곳이야. 그래서 해마다 수많은 관광객들이 오지.

발리 섬에는 화산들이 몇 개 있어. 우리는 이 화산들을 신성하게 생각해. 그 중에서 가장 높이 솟은 아눙 산은 세계의 배꼽이라는 별명이 있어. 왜, 사람의 몸에서 배꼽이 가장 중심에 있잖아. 우리 발리 사람들은 아궁 산이 온 세상의 중심이라고 생각하는 거야.

그에 비해 바다는 저주받은 영혼들이 머무는 곳이라고 여겨. 영혼들이 화나면 무서워. 파도가 마구 치거든. 그래서 바다가 잔잔하도록 우리는 타나로트 사원에서 영혼들을 달래. 이 사원은 바닷물에 둘러싸인 바위 위에 지어졌는데 썰물 때에만 갈 수 있어.

인도네시아는 이슬람 국가지만 발리 섬은 힌두교를 믿는 지역이야. 그래서 이곳에는 크고 작은 힌두교 사원들이 많아. 오른쪽 사진은 우리 가족이 신전 앞에서 찍은 거야. 엄마와 할머니는 하루에도 몇 번씩 쌀을 야자 잎으로 정성스럽게 싸서 꽃과 함께 이 신전 앞에 바치셔.

어른이 되기 전에 발리 섬에 꼭 와 봐. 이곳에서는 아이들이 어른들보다 신과 더 가깝다고 생각하거든. 그래서 아이들을 절대 혼내지 않아. 회초리를 드는 무서운 어른도 물론 없지. 게다가 아기는 더러운 땅에 닿지 않도록 엄마가 늘 안고 다녀. 봐, 갓 태어난 내 여동생도 우리 엄마 품에 안겨 있잖아. 나도 엄마한테 안겨서 다니고 싶은데 엄마가 나는 다 컸으니까 그냥 걸어 다녀야 한대. "

아메리카

수도: 카라카스
베네수엘라

내가 사는 곳: 푸이푸이

우리 집 앵무새 파파이토와 친구야.

면적: 916,445㎢
인구: 27,884,000명
종족: 메스티소(67%), 백인, 흑인, 인디오
종교: 가톨릭교
언어: 스페인어(공용어), 인디오 토속어
통화: 볼리바르
기후 및 자연환경: 남부는 정글 지대로 덥고 습한 열대성 기후이다. 북부로 갈수록 온난한 기후를 보인다. 북동부에는 안데스 산맥이 지난다.
천연 및 농산 자원: 석유, 금, 다이아몬드, 철, 사탕수수, 옥수수, 커피, 카카오

내 이름은 트리노야
(10살)

" 올라!

우리 가족은 카리브 해가 한눈에 보이는 푸이푸이 해변에 살아. 이곳에는 사람들이 별로 없어. 해변에 십여 채의 집들이 띄엄띄엄 있을 뿐이야. 그 외엔 온통 바다뿐이지. 아마 푸이푸이 해변은 베네수엘라에서 가장 아름다운 곳일 거야.

이곳은 워낙 조그만 마을이라 학교도 없어. 그렇다고 학교에 안 다닐 수는 없지. 형들이랑 나는 이 주변에서 가장 큰 마을인 리오카리브에 있는 학교에 다녀. 좀 멀긴 하지만 나는 꼬박꼬박 학교에 나가. 학교에 가면 여자아이들하고 놀 수 있기 때문이지. 우리 집은 여섯 형제에다 아빠까지 합하면 남자만 일곱이거든. 우리나라에는 미인들이 많아. 형에게는 예쁜 여자 친구가 있어. 나도 어서 여자 친구가 생겼으면 좋겠는데.

학교에 가지 않는 날에는 형과 동생들과 함께 마을 근처로 탐험을 떠나. 우리는 모터가 달린 조그만 카누를 타고 강을 거슬러 올라가지. 악어들을 만날 때도 가끔 있어. 하지만 무섭지 않아. 이곳에 사는 악어들은 제법 신사적인 것 같더라고.

탐험을 마치고 집으로 돌아오면 엄마는 나무 기둥에 달아맨 해먹에서 쉬고 있고 우리 집 앵무새는 그런 엄마를 가만히 보고 있어. 하루 종일 카카오 농장에서 일한 아빠는 하루 동안 있었던 일들을 이야기해 주시지. 우리는 저녁을 먹고 해변에서 축구 한 게임을 뛴 다음 파도 소리를 들으며 잠들어. "

수도: 암스테르담
네덜란드

내가 사는 곳: 베이스트

면적: 41,528㎢
인구: 16,433,000명
종족: 네덜란드인
종교: 가톨릭교, 개신교
언어: 네덜란드어(공용어), 프리지아어
통화: 유로
기후 및 자연환경: 선선하고 비가 많이 내린다. 해안 지방에는 1년 내내 강한 서풍이 분다.
천연 및 농산 자원: 우유, 치즈, 튤립, 밀, 천연가스

* 네덜란드를 가끔 홀란드라고 부르기도 하는데 이는 틀린 말이다. 홀란드는 네덜란드의 한 부분을 가리키는 말이기 때문이다.

나는 요스트야 (4살)

> **후이데모르헨!**
>
> 오른쪽 사진에 풍차가 보이니? 이건 그냥 구경하라고 만들어 놓은 풍차가 아니야. 진짜 풍차라고. 바람이 불면 저 거대한 날개가 빙빙 돌아. 우리 고조할아버지가 1826년에 만드신 거래. 엄마 아빠는 이 풍차를 이용해서 밀을 갈아 밀가루를 만들어 파셔.
>
> 네덜란드 사람들은 환경을 보호해야 한다는 것을 아주 어릴 때부터 배워. 그래서 우리는 되도록 자동차를 타지 않아. 대신 자전거를 타지. 자전거를 타고 다니다 보면 다리가 아프지 않느냐고? 그런 걱정은 하지 않아도 돼. 우리나라는 산이 거의 없고 땅이 평평하거든. 가장 높은 산도 300미터밖에 안 돼.
>
> 네덜란드는 땅의 30퍼센트가 해수면보다 낮아. 옛날에는 비가 많이 와서 바닷물이 불어나면 큰 홍수가 나곤 했대. 하지만 이제는 걱정 없어. 큰 둑을 쌓아서 홍수가 일어나는 것을 막았거든. 네덜란드는 호수와 바다를 메워서 새로운 땅을 만들기도 했어. 이렇게 만든 땅을 우리나라에서는 폴더라고 불러.
>
> 우리 엄마 아빠는 내가 더 넓은 세상에 나가 봐야 한대. 그래서 우리 가족은 여행을 자주 떠나. 올해는 알프스 산맥에서 스키를 타러 스위스에 가기로 했어. 언젠가는 아시아, 아프리카, 아메리카에 있는 나라에도 모두 가 볼 테야.

예로부터 네덜란드 사람들은 훌륭한 뱃사람들이었어.
이 요트는 우리 집 풍차만큼이나 오래된 거야.

아시아

투르크메니스탄
수도: 아슈하바트

내가 사는 곳:
아슈하바트

나는 아이자한 이야 (9살)

> **살람!**
>
> 내가 사는 투르크메니스탄은 중앙아시아에 있는 나라야. 이웃나라인 우즈베키스탄, 키르기스스탄, 타지키스탄, 카자흐스탄처럼 소련 연방에 속해 있다가 1991년에 독립했어. 10월 27일은 우리나라의 독립기념일이야.
>
> 투르크메니스탄은 나라 전체가 카라쿰 사막으로 덮여 있어. 카라쿰 사막은 검은 사막이라는 뜻이야. 그런데 실제로 여기 와 보면 사막의 모래보다도 사막에 사는 양들이 더 검어. 우리나라는 양을 많이 길러. 오른쪽 사진에서 우리 할아버지가 쓰고 있는 모자가 보이니? 바로 검은 양의 곱슬곱슬한 털로 만든 거야. 만져 보면 아주 보들보들해. 굉장히 따뜻해 보이지?
>
> 우리나라의 수도인 이곳 아슈하바트도 주변이 온통 사막이야. 그래서 이곳에 처음 온 사람들은 물을 구하기가 어려울 것 같다고 생각하지만, 천만의 말씀! 크고 기다란 관이 바다까지 연결되어 있어서 다행히 물이 부족하지는 않아. 덕분에 멋진 공원도 생겼어.
>
> 지금 우리 가족은 양탄자를 깔고 앉아 있어. 우리 나라에서 만드는 양탄자는 세계적으로 유명해. 우리는 양탄자를 만들 때 붉은색을 많이 쓰고 꽃무늬를 자주 넣어. 우리나라 국기의 왼편에도 양탄자의 꽃무늬가 있어. 양탄자는 참 쓸모가 많아. 우리는 양탄자에 앉아 차도 마시고, 이야기도 나누고, 쉬기도 하고, 기도도 올리지. 이 양탄자를 타고 날아다닐 수 있다면 더 좋을 텐데. 동화책 속 주인공처럼 양탄자를 타고 이곳저곳을 가 보고 싶어. 나를 보면 사람들이 놀라서 쳐다보며 손을 흔들고 인사할 거야.

면적: 488,100㎢
인구: 5,180,000명
종족: 투르크멘인(85%), 러시아인(4%), 우즈베크인(5%), 카자흐족
종교: 이슬람교, 동방정교
언어: 투르크멘어(공용어), 러시아어, 우즈베크어
통화: 마나트
기후 및 자연환경: 여름엔 아주 덥고 겨울엔 아주 추운 대륙성 기후이다. 카라쿰 사막이 국토의 많은 부분을 차지한다.
천연 및 농산 자원: 천연가스, 석유, 목화, 보리, 밀, 포도

아슈하바트 거리 곳곳에는 우리나라 대통령의 커다란 사진이 걸려 있어.
오른쪽 사진은 우리 가족이야. 왼쪽 뒷줄부터 삼촌, 이모, 부모님, 그 앞줄 왼쪽에 사촌, 나, 여동생, 언니야. 그리고 앞줄에 할머니와 할아버지가 계셔.

아메리카

수도: 포르토프랭스
아이티

내가 사는 곳:
마이애미(미국)

면적: 27,700㎢
인구: 9,751,000명
종족: 흑인(95%), 물라토, 백인
종교: 가톨릭교(80%), 개신교, 부두교
언어: 프랑스어(공용어), 크레올어(공용어)
통화: 구르드
기후 및 자연환경: '산이 많은 땅'이라는 나라 이름대로 국토의 4분의 3이 산이다. 남부는 허리케인의 위험이 있다.
천연 및 농산 자원: 구리, 보크사이트, 커피, 사탕수수

아이티풍의 그림에 그려진 시장의 모습이야.
자, 우리 가족을 소개할게. 부모님이랑 이모야. 빨간 옷을 입은 분이 이모야.
그리고 우리 칠 남매야.

나는 제랄다야 (6살)

"봉주!

오늘은 일요일이야. 우리 가족은 교회에서 예배를 마치고 막 돌아오는 길이지. 아빠는 목사님이야. 그래서 우리 가족 모두 일요일 아침이면 꼭 교회에 가지.

나는 아이티에서 태어났지만 미국 플로리다 주의 마이애미에 살아. 마이애미와 우리나라는 똑같이 덥지만 마이애미가 우리나라보다 살기에 더 좋은 것 같아. 아이티는 굉장히 가난한 나라거든. 우리 동네에는 아이티 사람 말고 쿠바 사람들과 푸에르토리코 사람들도 많이 살아. 그 사람들도 가난을 피해서 마이애미로 온 거야.

나는 학교에서 영어를 배우지만 집에서는 크레올어를 써. 크레올어는 아이티의 전통 언어와 프랑스어가 섞인 말이야. 예를 들어 프랑스어 인사인 '봉주르'를 우리는 '봉주'라고 바꿔 말해. 크레올어는 옛날에 프랑스가 아이티를 지배할 때 생겨났어.

이번 여름에 우리 가족은 아이티의 수도인 포르토프랭스에 가기로 했어. 우리 아빠는 그곳에다 가난한 아이들을 위한 학교를 세우고 싶어 하시거든. 아무리 강한 비바람이 몰아쳐도 무너지지 않는 아주 튼튼한 학교를 말이지. 아빠가 학교를 세우시면 나도 열심히 도와 드릴 생각이야.

아, 배고파. 점심을 먹으러 가야겠어. 점심을 먹고 난 다음에는 아빠와 도미노 놀이를 할 거야. 아이티 사람들은 이 놀이를 아주 좋아해. 만약 내가 이기면 규칙에 따라 아빠의 얼굴을 아무 데나 집을 수 있어. 코를 집을까? 귀를 집을까? 아니면 콧수염을 집을까?"

수도: 마드리드
스페인

내가 사는 곳: 모렐라

내 이름은 소라야야
(15살)

" **케탈!**

유럽 남쪽에 있는 우리나라는 낮이 아주 길어. 뜨거운 햇볕이 늘 내리쬐지. 그래서 우리나라 사람들은 집 밖에서 많은 시간을 보내. 이렇게 날이 좋은데 집 안에만 틀어박혀 있다면 좀 억울하잖니?

낮이 길기 때문에 우리는 대개 저녁을 밤 10시 이후에나 먹어. 그럼 점심을 먹고 나서 저녁을 먹을 때까지 배고프지 않느냐고? 당연히 배고프지. 그래서 우리는 점심과 저녁 사이에 간식을 즐겨 먹어. 스페인에서는 이런 간식거리를 타파스라고 불러. 내가 가장 좋아하는 타파스는 바로 토르티야란다. 토르티야는 두껍게 부친 계란 안에 감자, 햄, 소시지 등을 넣어 만드는 음식이야. 얼마나 맛있는지 몰라. 아, 생각만 해도 군침이 도네. 저녁을 늦게 먹으니까 물론 잠도 늦게 자. 그래도 걱정 없어. 아침에도 늦게 일어나니까.

이곳 모렐라에는 옛날에 지어진 요새가 남아 있어. 이 요새는 14세기에 지어졌어. 북부아프리카의 이슬람교도들이 우리나라를 침략하자 가톨릭교를 믿는 기사들이 튼튼한 요새를 지은 거지. 내가 아주 어렸을 때에는 그 요새에서 동생과 숨바꼭질을 하며 놀았어.

나는 태어나서 줄곧 이곳에 살았어. 나는 우리 마을이 좋아. 물론 우리나라도 좋고. 하지만 언젠가는 다른 나라에서도 한번 살아 보고 싶어. "

면적: 505,990km²
인구: 45,661,000명
종족: 카스티야족, 갈리시아족, 바스크족, 안달루시아족
종교: 가톨릭교(94%)
언어: 스페인어(공용어), 카스티야어, 갈리시아어, 바스크어 등의 방언
통화: 유로
기후 및 자연환경: 대체로 여름에 매우 건조한 지중해성 기후지만 피레네 산맥에는 비가 많이 내린다.
천연 및 농산 자원: 올리브유(세계 제2의 생산국), 포도, 오렌지, 구리, 수은, 철

8세기경에 지어진 코르도바 사원이야.
오른쪽 사진에서 우리 가족을 소개할게. 할아버지와 우리 부모님 그리고 남동생이야.

아프리카

수도: 아디스아바바

에티오피아

내가 사는 곳: 아쿠아슈 계곡

내 이름은 아스쿠루야 (14살)

" **마히스!**

나는 아파르족이야. 우리 아파르족이 얼마나 대단한 사람들인지 알아두는 게 좋을걸. 아파르족은 타고난 전사들이지. 겁이나 두려움이라고는 전혀 모르는 부족이야.

아파르족의 남자는 항상 무기를 가지고 다녀. 우리 아빠는 날카로운 칼을 지니고 있지. 그렇다고 우리를 너무 무서워하지는 마. 우리는 아무 때나 무턱대고 칼을 뽑아들지는 않거든. 우리 아빠는 가족이 위험할 때에만 칼을 뽑으셔.

우리 아파르족은 유목민이야. 우리 집은 낙타와 염소를 몇 마리 키워. 특히 낙타는 중요한 동물이야. 낙타는 우리에게 젖을 주거든. 이곳 에티오피아는 세상에서 가장 더운 곳 중의 하나야. 그래서 물을 찾기가 쉽지 않아. 우물도 거의 없어. 그래서 물 대신 낙타 젖을 자주 마시지. 대신 낙타 고기는 잘 먹지 않아.

요즘은 비가 거의 오지 않아. 건기라서 그래. 이렇게 건기가 계속될 때는 체체파리를 조심해야 해. 이 파리에게 쏘이면 목숨을 잃게 될 수도 있거든.

나는 제법 많은 일을 할 줄 알아. 다 엄마한테서 배운 거지. 엄마는 텐트 치는 법과 가축 기르는 법을 내게 가르쳐 주셨어. 낙타 젖으로 버터를 만드는 법도 알려 주셨지.

만약 내가 나중에 다른 부족 남자와 결혼하게 되면 우리 부족을 떠나게 돼. 그래도 나는 내가 아파르족이라는 사실을 잊지 않을 거야. 나는 아파르족의 여자로 태어난 것이 자랑스러워. "

면적: 1,127,127km²
인구: 78,254,000명
종족: 오로모족, 암하라족, 티그레족 등 90여 개 부족
종교: 이슬람교, 에티오피아 정교회, 토착 신앙
언어: 암하라어(공용어), 티그레어, 오로모어, 영어
통화: 비르
기후 및 자연환경: 국토의 절반 이상이 고원이다. 해발 1,800m까지는 황량한 초원 지대로 매우 덥고 건조하다. 1,800m 이상의 지역은 온난하여 사람들도 많이 살고 경작도 많이 한다. 그리고 해발 2,500m 이상의 지역은 서늘해서 목축과 곡물 재배가 활발하다.
천연 및 농산 자원: 구리, 커피, 콩, 소, 양

에리트레아와 있었던 전쟁의 흔적이 아직도 남아 있어.
오른쪽 사진은 우리 가족이야. 아빠가 갓 태어난 막내를 안고 있고
그리고 두 분의 엄마와 오빠가 있어.

아시아

수도: 비엔티안
라오스

내가 사는 곳: 참파사크

나는 낭 분라이네야 (9살)

" 사바이 디!

나는 너희에게 라오스 말로 인사했지만 프랑스어로도 인사할 줄 알아. 봉주르! 이렇게 말이야. 우리나라는 1953년까지만 해도 프랑스의 식민지였어. 그래서 아직도 프랑스어를 아는 사람들이 많아.

나는 라오스 남쪽의 메콩 강 근처에 살아. 우리 집에서 메콩 강이 보일 정도로 가까이에 살지. 메콩 강은 동남아시아에서 가장 긴 강이야. 티베트 고원에서 시작해서 남중국해로 흘러 들어가지. 이 메콩 강을 건너면 미얀마와 태국이 나와.

우리 집에서 메콩 강 쪽으로 내려가면 배를 타는 곳이 나와. 그곳에는 메콩 강을 가로질러 태국로 가는 배들이 있어. 나는 그 배를 타고 태국에 가 본 적이 없지만 많은 라오스 사람들이 매일 태국에 가. 그곳에는 우리나라보다 일자리가 많거든.

하지만 우리 엄마 아빠는 라오스를 떠나지 않고 계속 여기서 일하실 거래. 우리와 떨어져 살기 싫으신가 봐. 아빠는 가지 치는 칼을 만드는 일을 하시고 엄마는 이모와 함께 비단을 짜는 일을 하시지.

내가 사는 참파사크는 9세기부터 13세기까지 크메르 왕국의 땅이었어. 크메르 왕국은 지금의 캄보디아야. 이제 캄보디아는 우리나라보다도 작은 나라지만 그때는 라오스뿐만 아니라 태국까지 다 지배했대. 우리 마을에는 크메르 왕국의 유적인 와 트푸 사원이 있어. 며칠 후면 라오스 곳곳에서 순례자들이 올 거야. 그럼 코끼리 행진도 있고 닭싸움 대회도 열리겠지. 가장 기대되는 것은 전통 무술 경기야. 식구들이랑 다 같이 구경 가야지. "

면적: 236,800㎢
인구: 5,963,000명
종족: 라오족, 카족, 중국인, 베트남인
종교: 불교
언어: 라오어(공식어), 프랑스어
통화: 킵
기후 및 자연환경: 덥고 습한 열대 계절풍 기후이다. 국토의 대부분이 밀림으로 덮여 있으며 메콩 강이 가로지른다.
천연 및 농산 자원: 주석, 쌀, 고무, 목재

우리는 이렇게 바닥에 앉아서 식사해.
오른쪽 사진은 우리 가족이야. 아빠와 아기를 안은 엄마. 그리고 세 이모들과 우리야.

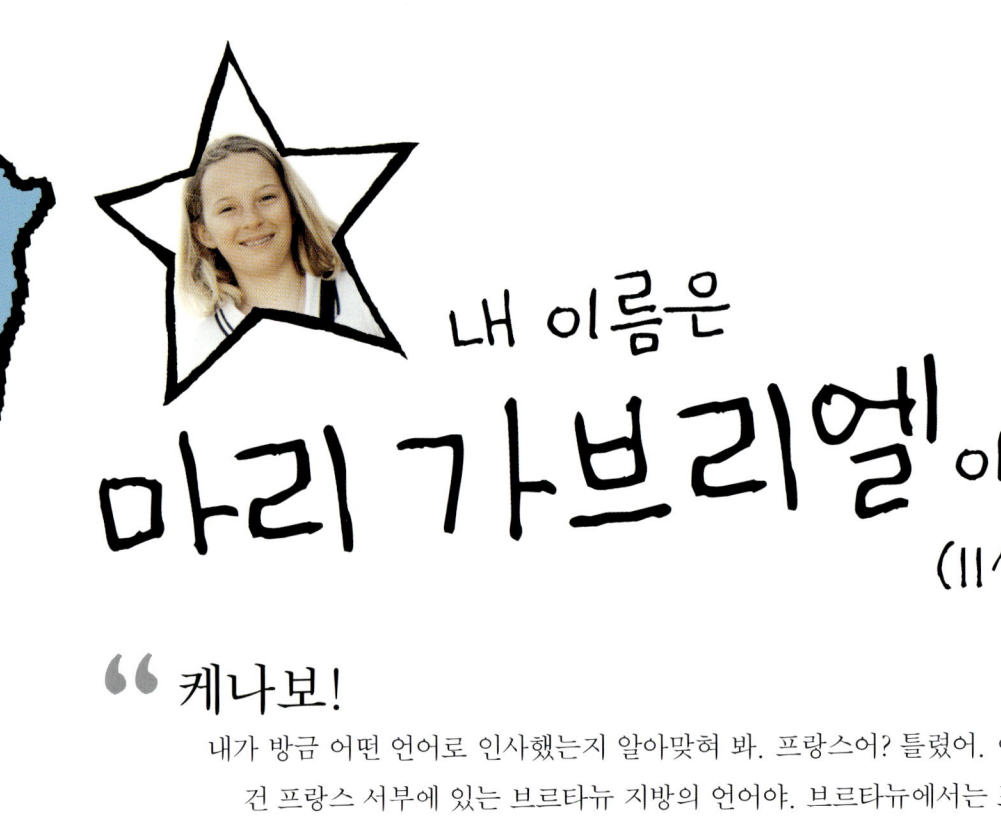

수도: 파리

프랑스

내가 사는 곳: 생필리베르

내 이름은 마리 가브리엘 이야
(11살)

" 케나보!

내가 방금 어떤 언어로 인사했는지 알아맞혀 봐. 프랑스어? 틀렸어. 이건 프랑스 서부에 있는 브르타뉴 지방의 언어야. 브르타뉴에서는 프랑스어와 브르타뉴어가 함께 쓰이지.

면적: 543,965㎢
인구: 62,028,000명
종족: 프랑스인, 바스크인, 노르만인
종교: 가톨릭교, 이슬람교
언어: 프랑스어(공용어)와 알자스어, 바스크어, 브르타뉴어, 카탈루냐어, 코르시카어 등의 방언
통화: 유로
기후 및 자연환경: 대륙과 대서양과 지중해의 영향을 받아 다양한 기후와 자연환경을 보인다. 알프스 산맥의 몽블랑 산은 해발 4,807m이다.
천연 및 농산 자원: 철, 석탄, 암염, 포도주(세계 제1의 생산국), 치즈, 밀

나는 브르타뉴의 생필리베르라는 어촌 마을에 살아. 아침에 내 방 창문을 열면 대서양이 한눈에 들어와. 그뿐이니? 바다 냄새가 바람을 타고 밀려들고 갈매기 우는 소리가 들려오지. 우리 가족은 바다와 함께 살고 바다에 의지해 살아. 엄마 아빠는 양식장에서 굴을 기르셔. 그리고 바다에서 게, 조개, 갯가재 등을 잡기도 하시지. 이것들은 프랑스 곳곳의 식품점으로 팔려 가. 때로는 이곳에 놀러 온 관광객들이 직접 사 가기도 하고.

나는 수요일과 토요일에 요트 타는 법을 배워. 가끔 우리 집 앞바다에 있는 작은 섬까지 요트를 타고 가기도 해. 지금은 작은 요트만 타지만 나중에는 큰 배를 타는 뱃사람이 되고 싶어.

1999년 12월에 브르타뉴에서는 끔찍한 일이 있었어. 기름을 실은 배가 브르타뉴 앞바다에서 침몰한 거야. 배에서 흘러나온 기름 때문에 푸른 바닷물이 시커멓게 변해 버리고 수많은 바다 생물들이 죽었어. 우리 학교 학생들은 솔과 양동이와 삽을 들고 바닷가에 나가서 바위들에 묻은 기름을 닦아 냈지. 프랑스의 다른 지역에서도 많은 사람들이 도와주러 왔어. 덕분에 브르타뉴의 바다는 예전의 아름다운 푸른색을 되찾을 수 있었어. 그때 우리는 중요한 교훈을 얻었지. 바다를 아끼고 잘 보호해야 한다는 것 말이야. 너희도 이 교훈을 잊어버리지 마. **"**

프랑스의 어느 식품점에서 수염을 기르고 커다란 생선을 들고 서 있지.

98

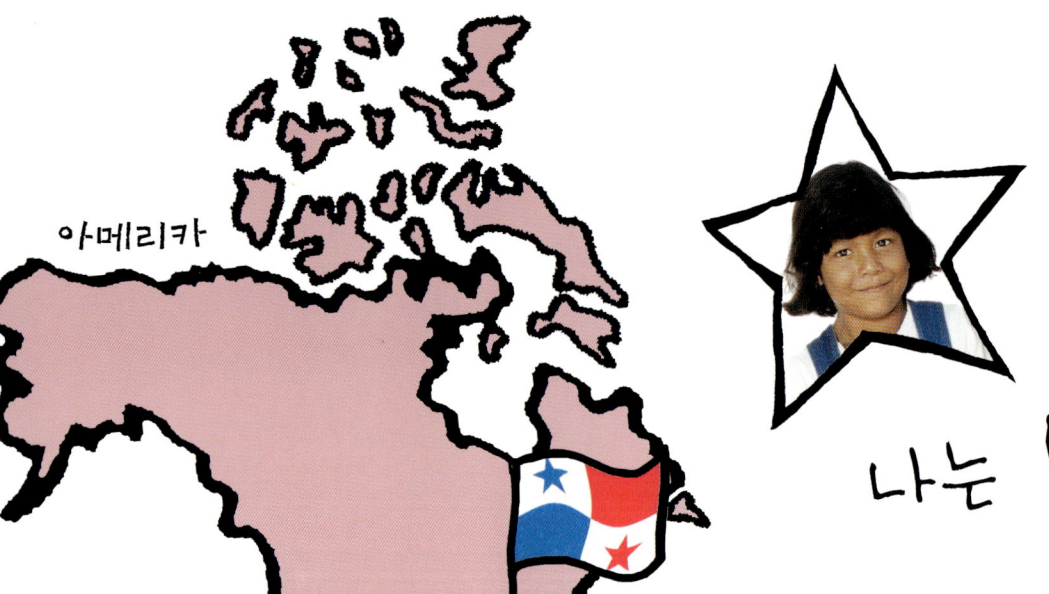

아메리카

수도: 파나마시티
파나마

내가 사는 곳:
보카 델 드라고

나는 에스테파니야 (6살)

> **코모 에스타스!**
>
> 나는 파나마의 해안을 따라 넓게 펼쳐진 보카 델 드라고에 살아. 이곳은 정말 아름다워. 야자나무, 모래사장, 바다, 그것도 푸른 카리브 해가 한눈에 들어오거든. 나는 매일 여름 방학을 보내는 기분이야.
>
> 오른쪽 사진에는 우리 아빠, 엄마, 미구엘 오빠 그리고 우리 집에서 키우는 초콜릿과 바닐라가 있어. 초콜릿과 바닐라는 강아지일 때 해변에서 주웠는데 우리를 항상 졸졸 쫓아다녀. 심지어 물속까지 따라 들어와. 내 뒤에 '에스테파니 오두막' 이라는 간판이 보이니? 아빠는 해변에 관광객을 위한 작은 숙소를 지으셨어. 숙소의 이름은 내 이름을 따서 지었지. 그런데 문제는 관광객들이 많지 않다는 거야. 여기로 오는 길이 불편해서 그런 것 같아.
>
> 매일 아침 7시 30분이면 우리는 버스를 타고 학교에 가. 이곳의 아이들은 모두 가리가리어로 이야기해. 영어와 스페인어와 인디오 토속어가 합쳐진 말이야. 그래서 선생님은 우리가 바른 말을 쓰도록 가르치느라 애를 쓰셔. 학교에서 돌아오면 숙제를 해야 해. 엄마는 내가 숙제를 잘하는지 옆에서 지켜보셔. 엄마는 초등학교 선생님이시거든.
>
> 숙제를 끝내자마자 나는 물안경과 대롱과 오리발을 챙겨서 바다에 가. 물론 깊은 곳에까지 들어가지는 않아. 얕은 바다에서도 푸른 바다거북을 많이 볼 수 있으니까. 바다가 맑고 투명하기 때문에 거북이들이 헤엄치는 모습도, 숨을 쉬기 위해 물 표면으로 올라오는 모습도 다 볼 수도 있어. 이 바다거북은 엄격하게 보호되고 있는 동물이야. 나는 거북이를 키우고 싶어. 그런데 초콜릿이 질투하면 어떡하지?

면적: 75,173km²
인구: 3,310,000명
종족: 메스티소(70%), 인디오, 백인
종교: 가톨릭교(85%), 개신교
언어: 스페인어(공용어), 영어, 인디오 토착어
통화: 발보아
기후 및 자연환경: 덥고 습한 기후이다. 1월과 4월 사이의 건기에는 숨이 막힐 정도로 덥다. 국토의 대부분이 산이다.
천연 및 농산 자원: 바나나, 사탕수수, 커피

그림엽서 속 풍경이 아니야. 바로 내가 사는 곳이야.

아시아

수도: 암만
요르단

내가 사는 곳: 페트라

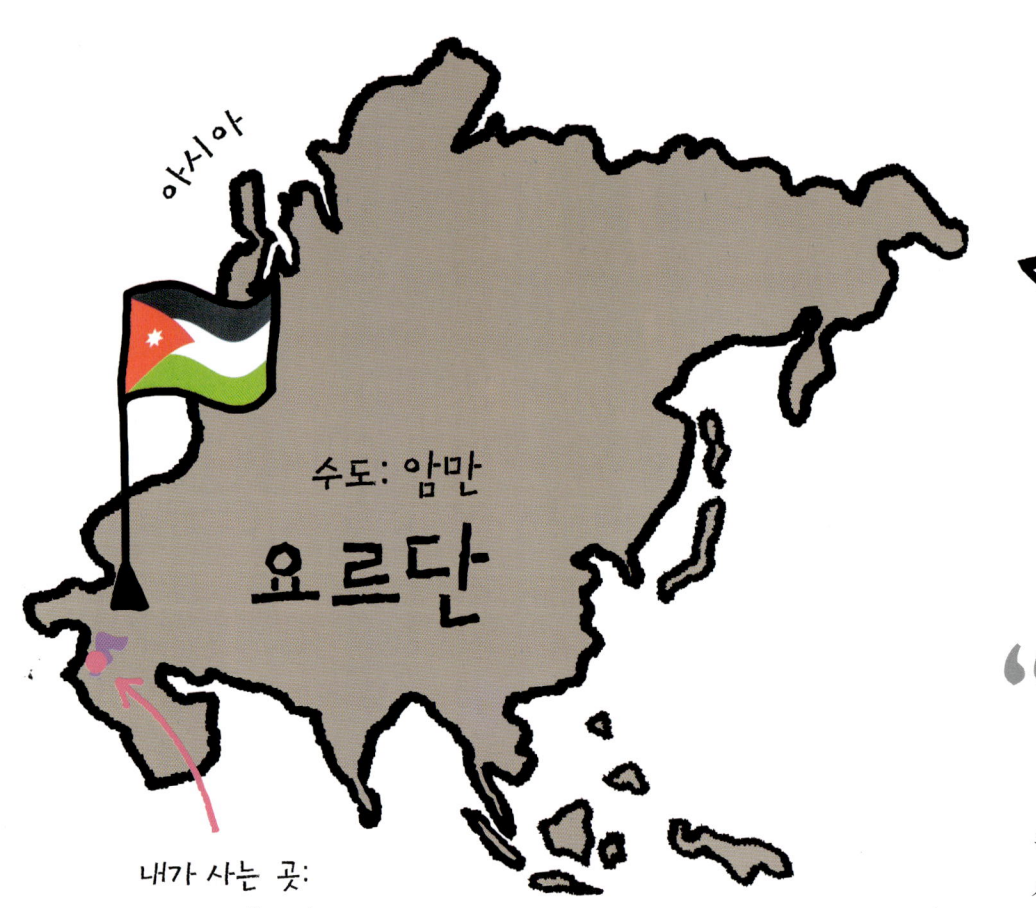

내 이름은 아담이야 (12살)

> " 살람!
>
> 나는 요르단의 페트라라고 하는 아주 특별한 곳에 살아. 페트라에는 이집트의 피라미드, 프랑스의 에펠탑, 이탈리아의 콜로세움만큼이나 유명한 고대 유적이 있거든. 『인디아나 존스—최후의 성전』이라는 영화를 봤니? 거기서 주인공이 궁전같이 생긴 왕의 무덤으로 성배를 찾으러 가잖아. 바로 이곳 페트라에서 촬영한 거야.
>
> 페트라는 기원전 5세기에 나바테아 왕국의 수도였어. 나바테아인은 원래 아랍계 유목민이었는데 요르단 남쪽의 이곳 페트라에 자리 잡아 나라를 세웠지. 페트라의 고대 유적은 그때 만들어진 거야. 나바테아인은 온갖 종류의 향, 향신료, 사치품 등을 사고 팔아서 돈을 벌었어. 덕분에 모든 사람들이 호화롭게 살 수 있었지. 가난한 사람들은 죄인이라고 손가락질 받을 정도였대. 하지만 나바테아 왕국은 오래 가지 못했어. 외국이 침략한 데다 지진이 일어나는 바람에 모두 파괴되어 버렸지. 결국 페트라는 역사에서 잊혀지고 말았어.
>
> 아빠는 페트라의 유적을 보호하는 기관에서 일하셔. 이 유적 중에는 고대 아랍의 신들을 모신 사원들, 지하 무덤, 수로, 극장 등이 있지. 전 세계에서 온 관광객들은 이 유적들을 보고 무척이나 감탄해. 그중에서도 가장 유명한 유적은 절벽을 깎아 만든 신전이야. 특히 동틀 무렵 태양이 신전을 비추는 광경은 말로 다 표현할 수 없을 정도로 아름다워. "

면적: 88,778㎢
인구: 5,844,000명
종족: 아랍인(98%), 아르메니아인, 체르케스인
종교: 이슬람교
언어: 아랍어
통화: 요르단 디나르
기후 및 자연환경: 시리아 사막, 아라비아 사막과 붙어 있고 국토의 대부분이 황량한 고원 지대이다.
천연 및 농산 자원: 인광석, 석유, 밀, 토마토, 올리브

말이 끄는 마차를 타고 커다란 바위 사이를 지나면 유적이 나와.

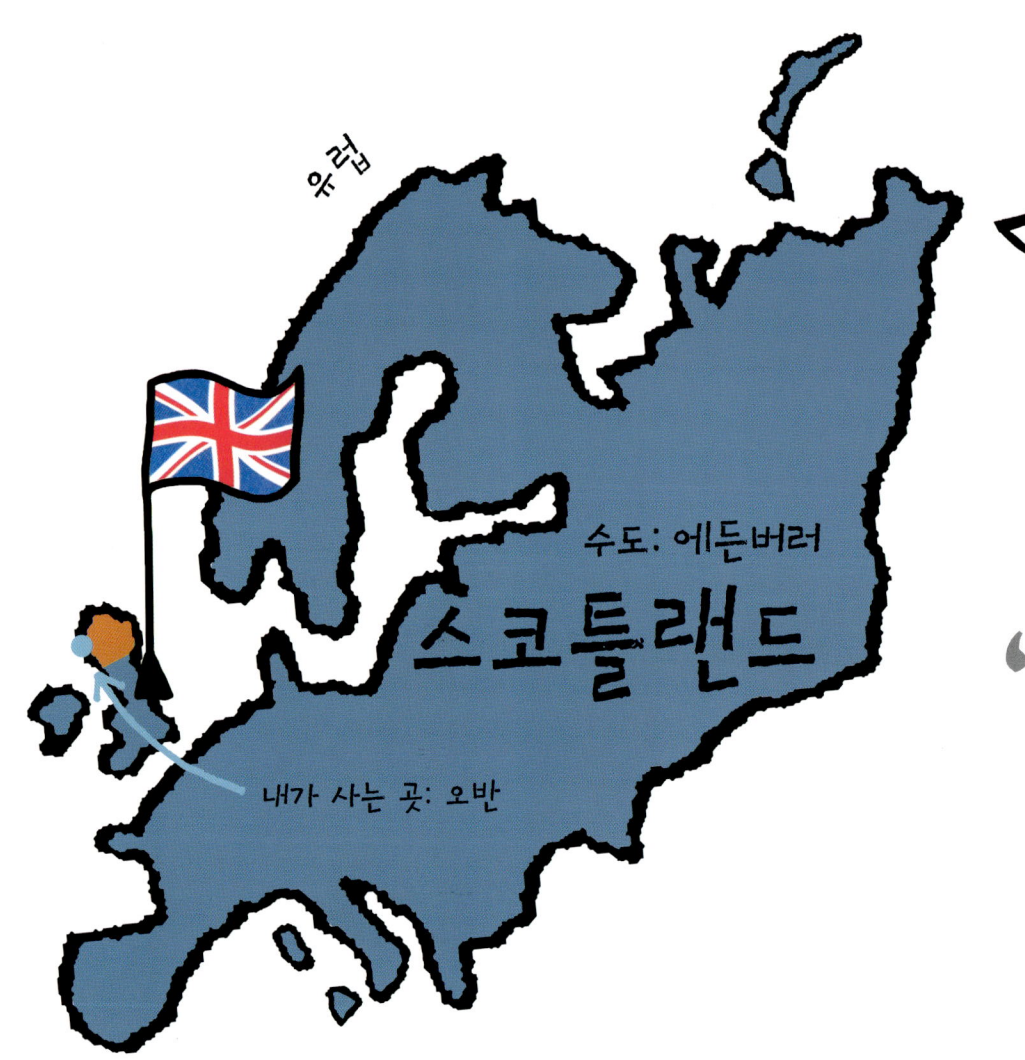

수도: 에든버러
스코틀랜드
내가 사는 곳: 오반

나는 존이야 (12살)

" 케우드 마일 팔리트!

스코틀랜드에서 가장 아름다운 곳인 서부 하이랜드에 온 것을 환영해. 이곳은 유럽에서 자연이 가장 잘 보존된 곳이지. 공기부터 달라. 우리 할아버지는 입버릇처럼 말씀하셔. 서부 하이랜드의 사람들이 대대로 뱃사람이 되는 것은 이곳의 바다 냄새가 특별하기 때문이라고 말이야.

우리 집은 대서양 연안의 조그만 어촌인 오반에 있어. 앞에는 크고 작은 섬들이 있고 뒤에는 스코틀랜드에서 가장 긴 호수인 네스 호가 있어. 네스 호는 길이가 무려 40킬로미터나 돼. 그 호수에 괴물이 산다는 전설도 있어. 끝없이 펼쳐진 들판에는 양들과 바람밖에 없어. 가을이 되어 폐허가 된 성에 안개가 끼면 유령이 나타날 것만 같아.

이런 곳에서 사는 것이 힘들 것 같다고 생각하니? 오히려 그 반대야. 8월에 열리는 하이랜드 운동 경기 대회에 와 봐. 통나무 던지기 같은 스코틀랜드의 전통 경기를 볼 수 있어. 사람들은 전통 의상인 체크무늬 치마를 입고 백파이프 연주에 맞추어 춤추고 노래를 부르지. 그리고 우리 조상인 켈트족의 언어인 게일어로 이야기를 나눠.

아빠와 할아버지는 오늘부터 사흘 동안 새우 낚시를 하러 가실 거야. 그래서 두 분은 곧 방수복을 입으실 거야. 밀물 때가 되면 허벅지까지 물이 차오를 테니까. **"**

면적: 78,789㎢
인구: 5,062,011명
종족: 스코틀랜드인
종교: 성공회(50%), 개신교, 가톨릭교
언어: 영어, 게일어
통화: 파운드
기후 및 자연환경: 비가 많이 오고 계절간의 기온차가 많이 나지 않는다. 날씨가 습하며, 하이랜드라는 고원 지대가 유명하다.
천연 및 농산 자원: 석탄(18세기부터 채굴했다), 보리, 사탕무, 감자

* 스코틀랜드는 1707년 영국에 통합되었다. 영국은 잉글랜드, 웨일스, 북아일랜드, 그리고 스코틀랜드가 모여 이루어진 나라이다. 영국 국기는 이 네 지역의 국기가 합쳐진 것이다.

이곳은 스코틀랜드의 스카이 섬이야.
오른쪽 사진의 우리 가족을 소개할게. 아빠와 할아버지 그리고 형이야.

104

아시아

수도: 강톡
시킴(인도)

내가 사는 곳:
육솜

면적: 7,096㎢
인구: 540,851명
종족: 네팔인, 인도인,
　　　보티아족, 렙차족
종교: 힌두교, 불교
언어: 보티아어, 렙차어,
　　　네팔어, 영어
통화: 루피
기후 및 자연환경: 히말라야 산맥 남쪽에 위치하여 무더운 열대 기후를 보인다.
천연 및 농산 자원: 구리, 쌀, 옥수수, 두류

* 한때 영국의 보호 아래 있었던 독립 왕국 시킴은 1975년 인도의 한 주로 통합되었다.

나는 피크마야야
(8살)

" **나마스테!**

내가 사는 곳은 시킴이야. 인도 북쪽의 조그만 뿔같이 생긴 곳에 있는 외진 데야. 시킴은 네팔, 부탄 그리고 중국 땅인 티베트와 국경을 맞대고 있고 히말라야 산맥이 이어져 내려오고 있어.

시킴은 1975년에 인도에 합쳐지기 전까지는 독립된 왕국이었어. 우리 레파족은 시킴에서 가장 먼저 살기 시작한 사람들이야. 그래서 오늘날에도 시킴에서 그 수가 가장 많아. 인도 사람들은 힌두교를 믿지만 우리는 모든 자연에 있는 영혼들을 믿어. 이런 걸 어려운 말로 정령 신앙이라고 해. 우리는 이곳 육솜 지역의 고요한 숲과 산을 사랑해.

오른쪽 사진에서 우리 엄마는 전통 의상을 입고 발목과 코를 고리로 장식 하셨어. 우리 부족의 여자들은 어른이 되면 모두 이렇게 치장해. 참 예쁘지 않니?

우리는 인도에서 흔히 볼 수 있는 소두구라고 하는 식물을 재배해. 이 식물은 생강과인데 주로 차에 향을 내는 데 사용해. 소두구를 수확할 때가 되면 우리는 털이 곱슬곱슬한 야크의 등에 소두구를 싣고 운반해.

언니와 나는 학교에 다니지 않아. 대신 집에서 어린 조카를 돌보지. 조카를 등에 업으면 내가 꼭 엄마가 된 것 같아. 나는 진짜 엄마처럼 조카를 잘 돌봐 줘.

우리가 사는 곳은 원래 사람들이 많이 찾지 않던 곳이었어. 그런데 얼마 전부터 관광객들이 오기 시작했어. 시킴은 히말라야 산맥의 아름다움이 가장 잘 보존된 곳이라서 그렇대. 너희도 놀러 와. 8,598미터로, 세계에서 세 번째로 높은 칸첸중가 산을 오르는 것은 어때? 아, 호숫가에 지어진 멋진 불교 사원에서 명상하는 것도 괜찮겠다. 그 호수는 새들의 노랫소리밖에 들리지 않는 아주 조용한 곳이거든. "

사람들은 도로가 끝나면 차에서 내려 야크에 짐을 얹고 길을 계속 가.

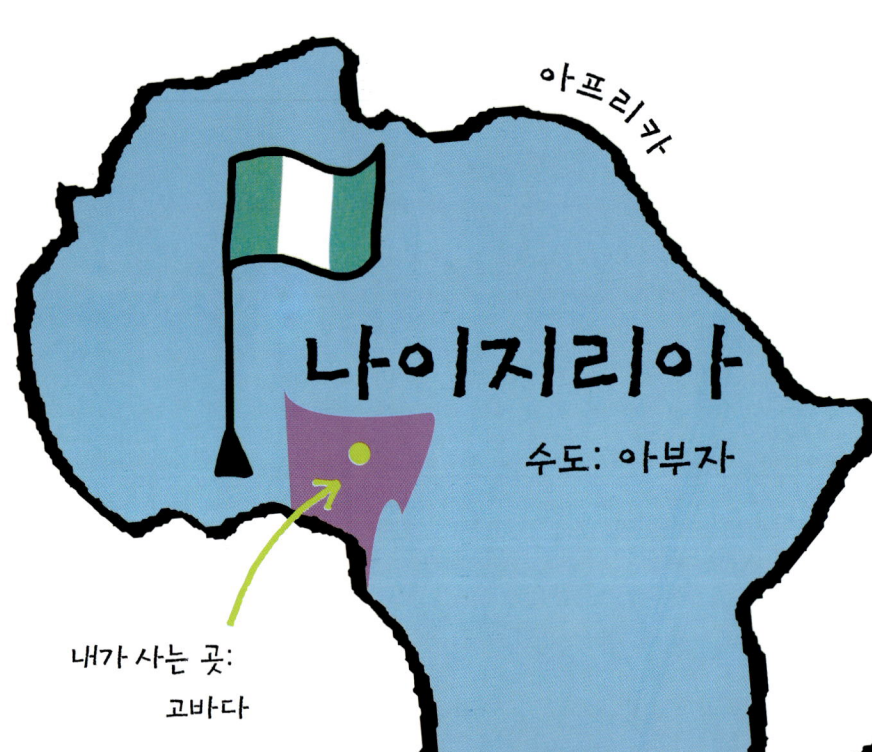

아프리카

나이지리아

수도: 아부자

내가 사는 곳: 고바다

면적: 923,768㎢
인구: 146,255,000명
종족: 하우사족, 풀라니족, 이보족, 요루바족 등 250여 개 부족
종교: 이슬람교, 개신교, 토착 신앙
언어: 영어(공용어), 하우사어, 요루바어, 이보어
통화: 나이라
기후 및 자연환경: 남부는 니제르 강을 따라 숲이 펼쳐지며 습한 열대 우림 기후이다. 북부는 초원 지대이고 동부는 건조한 기후를 보인다.
천연 및 농산 자원: 석유, 주석, 철, 카카오, 땅콩, 목재, 고무

내 이름은 아마두야 (5살)

" 이나 이니!

이제 나도 혼자서 할 수 있는 일이 많아졌어. 부엌에서 쓸 땔감을 해 올 수도 있고, 샘에 가서 물을 길어 올 수도 있고, 염소들을 돌볼 수도 있는걸. 예전에 나는 아빠의 두 번째 부인의 팔에 안겨 있는 여동생처럼 혼자서 할 수 있는 게 없었지만.

오른쪽 사진에서 우리 엄마는 호리병박 열매로 만든 그릇을 머리에 이고 있어. 호리병박 열매가 적당히 익으면 아빠가 큰 칼로 열매 속을 파내서. 그러면 내가 우리 집 마당에서 그것을 햇볕에 말려. 그렇게 말린 속 빈 호리병박 열매는 우유나 쌀, 땅콩을 담는 그릇으로 사용할 수 있어. 봐, 내가 할 수 있는 일이 또 하나 있네.

내년에 나는 학교에 다니게 돼. 학교에서는 읽기와 쓰기를 가르쳐 주겠지. 너무 엄한 선생님을 만나지 않았으면 좋겠어. 시장에 갔다가 아주 멋진 공책들을 보았어. 표지에 우리나라의 지도가 그려진 것도 있고 국가 대표 축구 선수들의 사진이 있는 것도 있었어. 나는 여러 색깔의 볼펜도 갖고 싶어. 그런데 그것은 바람일 뿐이야. 왜냐하면 여기는 그런 것들이 아주 귀하거든.

이곳은 굉장히 더워. 그래서 우리는 머리를 항상 짧게 잘라. 그렇지 않아도 더운데 머리까지 길면 더 더울 테니까. 아빠는 내 머리카락을 항상 직접 잘라 주셔. 엄마에게 대신 해 달라고 한 번도 부탁하지 않으셨어. 머리를 깎는 것은 남자들의 일이기 때문이래.

나는 어제 철사로 장난감 자동차를 만들었어. 그런데 내 동생이 그것을 달라고 떼쓰지 뭐야. 나이지리아에서 쉽게 볼 수 있는 택시를 흉내 내며 놀고 싶은가 봐. **"**

길은 사람들로 북적대. 사람들은 길에서 당구를 치기도 해. 오른쪽 사진의 우리 가족을 소개할게. 뒷줄 오른쪽부터 우리 엄마, 아빠, 그리고 아빠의 또 다른 두 부인과 막내 동생이야. 앞줄은 나랑 내 동생이야.

여행하며 사는 사람들

루마니아에 정착한 유랑 민족이야.

이 사람들은 아일랜드의 유랑 민족이지.
오른쪽 사진은 프랑스를 여행하고 있는 우리 할머니와 할아버지야. 나는 어디 있게? 찾아봐.

" **라초 디베스!**

우리는 이름이 많아. 사람들은 우리를 집시라고 불러. 히타노라고 부르는 사람들도 있어. 또 보헤미안이나 마누시라고도 불리지. 정확하게 말하자면 우리는 유랑 민족이야. 항상 여행하면서 살아가는 민족이지. 우리는 나라가 따로 없어. 우리에게는 가족이 곧 나라거든.

우리 민족이 여행을 시작한 지는 꽤 오래되었지. 우리는 10세기쯤에 인도를 출발했어. 그리고 그로부터 약 400년 후에 유럽으로 흘러 들어갔어. 유럽의 귀족들은 우리를 환영했어. 우리의 노래와 춤이 귀족들을 즐겁게 해 줬거든. 우리는 다시 길을 떠나서 15세기쯤에 프랑스에 도착했지. 그곳에서 우리는 동유럽에 있던 국가인 보헤미아에서 왔다고 해서 보헤미안이라는 이름을 얻었지. 보헤미안 중의 일부는 따뜻한 태양과 바다를 찾아 더 남쪽으로 마차를 몰았어. 그래서 남유럽에 있는 스페인까지 갔지. 이 사람들은 히타노 또는 지탄이라고 불려. 또 다른 보헤미안들은 북유럽과 서유럽 쪽으로 흘러 들어갔어. 거기서는 마누시라고 불리게 되었지. 마누시는 영국의 섬들과 프랑스 곳곳을 떠돌아 다녀.

우리의 집이기도 한 마차 안에는 우리가 그동안 지나 왔던 나라들에 대한 추억으로 가득해. 우리 유랑 민족은 손재주가 좋아서 가죽이나 철로 장식품 등을 만들어서 먹고살아. 여자들은 점을 치거나 버드나무로 바구니를 짜서 시장에 내다 팔기도 해.

우리는 땅을 차지하려고 애쓰지 않아. 우리에게 중요한 것은 가족이야. 엄마, 아빠, 동생, 할머니, 삼촌만 우리 가족인 것이 아니야. 함께 모여 생활하는 우리 민족 사람들은 다 서로 가족이야. 여행하다 잠시 만나게 되는 우리 민족 사람들까지도 다 가족이야. 우리를 하나로 만들어 주는 것은 바로 음악이야. 우리가 머무는 곳에는 항상 음악 소리가 들려. 모닥불 주변에서 음악을 연주하며 춤을 추지.

우리는 때로 다른 사람들에게 미움을 받았어. 중세 때는 마녀로 몰려서 화형을 당하기도 하고, 제2차 세계 대전 때는 나치의 손에 붙잡혀 아우슈비츠 수용소에서 죽기도 했지. 하지만 우리는 여전히 우리의 신념을 지키며 이곳저곳을 떠돌아다니고 있어. 우리를 지켜 주는 것은 바로 가족이야. "

아시아

수도: 서울

대한민국

내가 사는 곳:

면적: 99,678㎢
인구: 50,187,000명
종족: 한국인
종교: 불교, 개신교, 가톨릭교, 유교, 원불교, 천도교
언어: 한국어
통화: 원
기후 및 자연환경: 국토의 70%가 산지이나 대부분 낮은 산들이다. 기온의 연교차가 큰 대륙성 기후의 특징과 여름에 비가 많이 오는 계절풍 기후의 특징을 함께 보인다. 사계절이 뚜렷하다.
천연 및 농산 자원: 석탄, 석회석, 쌀

내 이름은 　　　　(이)야
(　　살)

" 안녕!

"

우리의 전통 무예인 태권도는 올림픽에서 정식 종목이 되었어. 이얍! 멋진 발차기지?

사진으로
꾸며 보세요.

사진으로
꾸며 보세요.

사진으로
꾸며 보세요.

사진으로
꾸며 보세요.

《이 책에서 만날 수 있는 나라들》

기니비사우　54
나미비아　14
나이지리아　108
남아프리카 공화국　44
네덜란드　86
네팔　70
니제르　68
독일　72
라오스　96
러시아　18
루마니아　62
말레이시아　42
말리　6
멕시코　80
미국　52
미얀마　8
베냉　26
베네수엘라　84
베트남　76

브라질　22
스코틀랜드　104
스페인　92
시킴(인도)　106
아르메니아　56
아이티　90
아프가니스탄　28
에리트레아　20
에티오피아　94
오스트레일리아　34
요르단　102
우크라이나　30
이란　24
이집트　74
인도　16
인도네시아　82
일본　46
중국　12
칠레　66

카메룬　78
캐나다　38
코트디부아르　40
콜롬비아　10
타이　36
탄자니아　32
터키　60
투르크메니스탄　88
티베트　50
파나마　100
파키스탄　64
페루　48
프랑스　98
핀란드　58
여행하며 사는 사람들　110

내가 꾸미는 우리나라
대한민국　112

얘들아, 안녕! 나는 사진작가 우버 오메르 아저씨란다. 이 책이 어떻게 만들어졌는지 이야기해 줄게. 크리스마스 날이었지. 1995년 12월 25에 나는 나의 모든 것이 있는 프랑스 파리를 떠나 전 세계를 여행하기로 결심했단다. 여행 일정을 짜고, 나를 도와줄 후원자를 찾고, 튼튼한 차를 마련한 다음에 1996년 6월 프랑스를 출발했어. 처음 간 곳은 영국이었어.

나는 다섯 대륙을 누비고 다녔단다. 돌아다닌 거리는 무려 25,000킬로미터나 되지. 그것이 얼마나 긴 거리인지 감이 잘 오지 않는다고? 지구 둘레를 여섯 바퀴 돈 셈이란다. 나는 여행하면서 수많은 사람들을 만났어. 그리고 그 사람들에게 가족 사진을 찍게 해 달라고 부탁했지. 그렇게 나는 130여 개 나라의 1,200여 가족들의 사진을 찍었어. 그중에는 우리와 비슷하게 사는 가족도 있고 아프리카의 마사이족, 호주의 원주민, 아시아의 목이 긴 여인들처럼 특이한 모습을 한 가족도 있었지.

여행을 시작한 지 사 년이 지난 2000년 4월, 나의 여행은 출발지인 파리에서 멀리 떨어진 중국에서 끝났어. 내가 여행하면서 찍은 가족 사진들은 『1000 가족들』이라는 사진집이 되었지.

나는 기자인 소피 퓌로 아줌마와 중학교 선생님인 피에르 베르부 아저씨를 우연히 만나게 되었어. 그분들은 내가 찍은 가족 사진들을 가지고 어린이를 위한 책을 만들자고 했지. 그렇게 해서 나온 책이 바로 『얘들아, 안녕』이야. 이 책을 보면서 전 세계로 멋진 모험을 떠나 보렴. 이 세상은 넓고도 아름답단다.

사진 **우버 오메르**

1943년 독일에서 태어났다. 14살에 처음 사진을 찍기 시작하여 19살 때 독일 청소년 사진 대회에서 최고상을 받았다.
1963년에 프랑스 파리로 가서 사진을 공부했으며 1965년 파리에서 자신의 스튜디오를 연 이후 지금까지 수많은 광고 사진과
여행 사진을 찍었다. 사진집으로는 『아프리카 여성들 Black Ladies』, 『아시아 여성들 Asian Ladies』, 『1000 가족들 1000 Families』 등이 있다.

옮긴이 **장석훈**

제주에서 태어나 서강대학교를 졸업하고 프랑스 리옹 2대학에서 철학, 불문학, 임상 심리학 등을 공부하였다. 기획과 번역 일을 하고 있다.
옮긴 책으로는 『세계 어린이와 함께 배우는 시민 학교』 시리즈, 『세상에서 가장 소중한 말』, 『감성의 리더십』 등이 있다.

나의 사랑하는 딸과 아들, 소피와 보리스에게

얘들아, 안녕

1판 1쇄 펴냄—2004년 4월 26일, 1판 14쇄 펴냄—2019년 6월 4일
사진 우버 오메르 글쓴이 소피 퓌로, 피에르 베르부 옮긴이 장석훈
펴낸이 박상희 펴낸곳 (주)비룡소 출판등록 1994. 3. 17.(제16-849호)
주소 06027 서울시 강남구 도산대로1길 62 강남출판문화센터 4층
전화 영업 02)515-2000 팩스 02)515-2007 편집 02)3443-4318,9
홈페이지 www.bir.co.kr
제품명 어린이용 각양장 도서 제조자명 (주)비룡소 제조국명 대한민국 사용연령 3세 이상

FAMILLES DU MONDE ENTIER
by Uwe Ommer, Sophie Furlaud and Pierre Verboud

First published in France under the title *Familles du monde entier*
by Uwe Ommer, Sophie Furlaud and Pierre Verboud
Copyright ⓒ Éditions du Seuil, 2002
Photographs ⓒ Uwe Ommer
ⓒ Abbas/Magnum, p.80, ⓒ Isadora Chen, pp.22, 88
ⓒ Isadora Chen and Nadia Elkebir, p.113, ⓒ Gérard Sioen/Rapho, p.90.
All rights reserved.
Korean Translation Copyright ⓒ 2004 by BIR
Korean translation edition is published by arrangement with Éditions du Seuil.

이 책의 한국어판 저작권은 Éditions du Seuil와 독점 계약한 (주)비룡소에 있습니다.
저작권법에 의해 한국 내에서 보호를 받는 저작물이므로 무단 전재와 무단 복제를 금합니다.

ISBN 978-89-491-9022-8 73980